무엇보다 우리를 가로막는 굳건한 벽은 쏠림의 편견과 분열의 고정관념입니다. 그리하여 '8020 이어령 명강-이야기의 힘'은 사람의 두뇌를 좌뇌, 우뇌로 가르고 어느 한쪽을 판단 기준 삼아 다른 한쪽을 따돌리고 차별하고 소외시키는 쏠림 사회에서 외롭게 살아가는 사람들을 위해서 만들어졌습니다. 편견과 고정관념의 콘크리트 창살 속에서 자기가 갇힌 줄도 모르고 살아가는 무기수들을 해방시켜 자유로운 초원의 노마드가 되어 맘껏 뛰어놀 수 있도록 도와주려는 겁니다. 암기와 정답의 억압 속에 갇힌 삶이 아닌 다른 삶을 살고 싶은 유쾌한 오답자들을 위하여 나는 즐거이 내 빈자리를 내어주려 합니다.

이야기의
힘

이야기의
힘

이어령 지음

사무사책방
Epiphany

지금과 다른 삶을 살고 싶은 젊음의 갈증을 위하여

나는 평생을 끝없이 벽을 무너뜨리면서 여기까지 왔습니다. 지치고 손톱에 피멍이 맺히는, 맨손으로 벽을 파는 그런 하나의 드라마, 우물을 파는 이야기가 내 자신의 삶이었지요. 그러나 아직도 많은 벽이 우리들의 삶을 가로막고 있어요. 아쉽지만 그것은 여러분들이 허물어야 할 벽입니다. 이제 내게 남은 것은 내가 이미 허물었던 벽을 여러분들에게 알려주는 것이죠.

우리 안에는 길들여진 8마리 원숭이들이 있습니다. 땅에 떨어진 도토리만 먹고, 높은 천장에 매달린 바나나와 거기에 오를 수 있는 사다리를 두고서도 접근하지도 않던 그런 8마리 원숭이들이 진짜 바나나를, 싱싱한 열매를 따기 위해서 우리 안의 콘크리트 벽을, 또 쇠창살을 뛰어넘어서 가는 겁니다. 꿈꾸는 펭귄, 꿈꾸는 원숭이, 꿈꾸는 사람! 원더랜드를 꿈꾸는 일은 마치 돌림병처럼 전파되어갑니다. 이 꿈의 공간은 멀리 있는 것이 아닙니다. 바로 지금 여기서 우리가 그 비전을 발견할 수 있습니다.

무엇보다 우리를 가로막는 굳건한 벽은 쏠림의 편견과 분열의 고정관념입니다. 그리하여 '8020 이어령 명강 – 이야기의 힘'은 사람의 두뇌를 좌뇌, 우뇌로 가르고 어느 한쪽을 판단 기준 삼아 다른 한쪽을 따돌리고 차별하고 소외시키는 쏠림 사회에서 외롭게 살아가는 사람들을 위해서 만들어졌습니다. 편견과 고정관념의 콘크리트 창살 속에서 자기가 갇힌 줄도 모르고 살아가는 무기수들을 해방시켜 자유로운 초원의 노마드가 되어 맘껏 뛰어놀 수 있도록 도와주려는 겁니다. 암기와 정답의 억압 속에 갇힌 삶이 아닌 다른 삶을 살고 싶은 유쾌한 오답자들을 위하여 나는 즐거이 내 빈자리를 내어주려 합니다. 정해진 정답을 맞춘 학생이 아니라 '남과 다르게 생각하고 다르게 살아가는' 젊은 영혼에게서 우리는 오늘과 다른 내일을 만들 수 있는 계기를 갖습니다. '다르게 생각하고 다르게 살아가는' 젊은 영혼들을 위해 흥겨운 추임새를 보내고 뜨거운 박수를 칠 때 그들의 고독은 단순한 고독이 아니라 창조의 동력이 됩니다.

　　지금과 다른 삶을 살고 싶은 젊음의 갈증 밑에 숨어 있는 창조의 열정을 바로 보아야 합니다. 그런 창조의 열정으로 내장한 상상력 – 그 '이야기의 힘'에 함께하는 여러분들이야말로 우리가 믿고 의지할 수 있는 우리들 미래의 힘과 가능성입니다.

2022년

이어령

차례

책머리에   4

이야기 속으로
8마리 원숭이 이야기   8

첫째 허들
찾기   26

둘째 허들
타우마제인   44

셋째 허들
변화   74

넷째 허들
분별   102

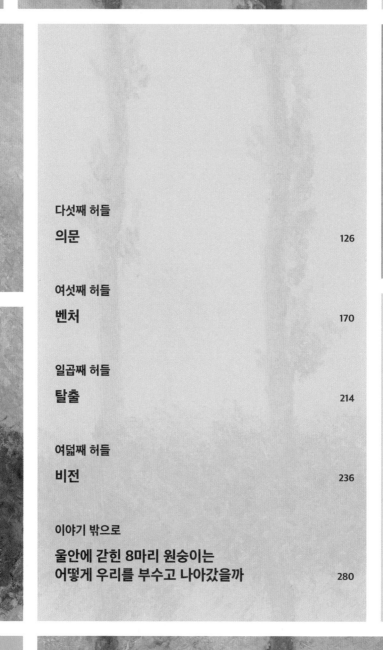

다섯째 허들

의문 126

여섯째 허들

벤처 170

일곱째 허들

탈출 214

여덟째 허들

비전 236

이야기 밖으로

울안에 갇힌 8마리 원숭이는
어떻게 우리를 부수고 나아갔을까 280

이야기 속으로

0

8마리 원숭이 이야기

'이야기 속으로'in medias res는 호라티우스Quintus Horatius Flaccus(B.C. 65~8)의 수사학 강의에서 온 말입니다. 일의 자초지종을 시간 순으로 나열하는 것이 아니라, 사건의 중간으로 대뜸 들어가 청자나 독자의 궁금증을 유발하고 몰입시키는 기법을 가리킵니다. 호메로스Homeros(B.C. 850?~750)의 서사시 『일리아드Iliad』의 경우에서 트로이 전쟁의 전말을 다루는 것이 아니라 한창 전투 중인 시점을 서두로 하는 점이 그렇습니다. 말하자면 준비 과정은 생략하고 이야기의 불씨를 바로 보이라는 뜻입니다. 원래 불씨를 일으키려면 부싯돌을 부비고 연기를 피워 올리는 시간이 필요하지만, 그 과정이 지루할뿐더러 연기도 매워서 누구도 선뜻 다가오지 않습니다. 오직 불씨가 보이고 불꽃이 활활 솟아야 사람들이 모여들고 흥미를 보이기 시작하죠. 그러고 보니 이야기와 불씨는 유독 특별한 관계에 있습니다. 모닥불을 끼고 동그랗게 모여 앉아 이야기를 나누는 원시의 기억. 혹은 화로 속의 군밤과 함께 익어가던 할머니의 옛이야기도 그렇습니다. 이야기 속으로 들어오세요. 그리고 8마리 원숭이와 만나보세요.

동물 심리학자가 재미난 실험을 해보았습니다.

천장에는 바나나 한 다발을 매달고,
그 밑에 사다리를 놓아둡니다.

그리고 그 실험용 우리 안에
8마리 원숭이를 들여보냅니다.

원숭이들은 당연히 바나나를
따먹으려고 할 것입니다.

하지만,
사다리에 올라 바나나에 접근하려는 순간
센서가 작동하여 천장 위에 숨겨둔 샤워기에서
차가운 물이 쏟아지도록 장치를 해놓았습니다.

과연 이 상황에서
.
.
.
원숭이들은
어떻게 행동할까요?

우리에 들어선 8마리 원숭이들은 주위를 천천히 탐색합니다.
그러다 천장의 바나나를 발견합니다.
그 아래 사다리까지 놓여 있으니
나무 잘 타는 원숭이에게는 최적의 조건이겠죠.
녀석들에겐 망설일 이유도, 틈도 없습니다.

"이게 웬 떡이냐"
아니, "이게 웬 바나나냐."
제일 먼저 사다리에 올라
바나나를 차지하는 놈이 임자입니다.

그렇게 모두들 호시탐탐 기회를 노리며 바나나를 쳐다보는데,
성질 급하고 동작 빠른 원숭이 한 마리가
재빨리 사다리로 뛰어듭니다.

벌써 혓바닥까지 나온 걸 보니
김칫국부터 마시는 거죠.

땅바닥에 떨어져 있는 맛없는 도토리에는 눈길도 주지 않습
니다.
오직 천장만을 향하여 기어오릅니다.

나머지 원숭이들은 아깝다는 기색이 역력합니다.
개중에는 하나쯤 나눠주지 않을까 싶어서
사다리에 바짝 붙은 채 쳐다보는 녀석도 있습니다.

그런데 이 재빠른 원숭이가 바나나에 손을 뻗자마자,
천장의 샤워기에서 얼음처럼
차가운 물이 쏟아집니다.

사다리를 탄 원숭이는 물벼락을 맞고 바닥으로 떨어지고,
나머지 원숭이들도 덩달아 쏟아진 냉수 샤워에 놀라
겁을 먹고 당황합니다.

원숭이들은 곧 성이 나서 씩씩거립니다.
가뜩이나 선수를 빼앗겨 약 올랐는데,
허기진 데다 온몸마저 흠뻑 젖었으니까요.

사다리를 탄 원숭이는 벌써 구석으로 몸을 피했고,
다른 원숭이들도 제각기 물을 털어내고 털을 말리려고
정신이 없습니다.

다른 원숭이들이 물기를 말리는 동안
또 하나의 원숭이가 사다리 곁으로 다가갑니다.

설마 이번에야 어쩔려구!
요행수를 바라는 녀석은 어느 곳에도 있는 법이니까요.

녀석은 느릿하게 걷는 듯하더니,
잽싸게 사다리를 타고 올라 바나나를 따려고 합니다.
이번에도 어김없이 센서 달린 샤워기에서 물벼락이 쏟아지고,
두 번째 원숭이도 사정없이 밑으로 굴러떨어집니다.

겨우 몸을 말린 나머지 원숭이들은
또 한 번의 차가운 물벼락에 앞 다투어 몸을 피합니다.

이쯤 되니 눈치 빠른 녀석들은 무언가 알아차렸습니다.
사다리와 물벼락의 연관성을 이해한 것이지요.

그런데 험한 꼴을 당하고도
여전히 바나나를 욕심내는 원숭이가 있습니다.

세 번째 녀석이 사다리 쪽으로 움직이자
이번에는 다른 원숭이들이 그냥 보고만 있지 않습니다.
사다리에 오르지 못하도록 끌어내리는 원숭이가 있습니다.
옆에 있던 원숭이들도 한 대씩 거듭니다.
매 맞은 원숭이가 물러나자 모든 원숭이들이 숨을 돌립니다.

물벼락을 면한 것이 다행스러워
마치 한판 싸움에 승리라도 한 듯이
소리를 치고 야단법석입니다.

시간이 흐릅니다.
바나나도 못 따고 매까지 얻어맞은 원숭이는
완전히 풀이 죽었습니다.

더 이상 사다리 근처에서 얼쩡대는 원숭이도 없어요.
노랗게 잘 익은 바나나를 멀뚱멀뚱 바라보며
입맛만 다실 뿐,

가까이 갈 엄두를 내지 못한 채 그저 참고만 있습니다.

이제는 변수를 둘 차례입니다.
8마리 중 한 마리를 바꿔보는 것이죠.

그중 한 마리를 빼고 새 원숭이를 대신 투입합니다.

선배 원숭이들은 새내기 원숭이를 경계합니다.
혹시나 이 녀석 때문에 또 물벼락을 맞지나 않을까.
불안한 겁니다.

새내기 원숭이는 우리가 낯선 듯 한동안 경직된 모습입니다.
그러다가 천장에 매달린 탐스러운 바나나를 발견합니다.

왜 저걸 두고 따먹지 않지.

새내기 원숭이는 당연히 사다리를 제 것처럼 알고 달려갑니다.

생각할 것도 없이 새내기 원숭이는
재빨리 사다리를 타고 오르려고 합니다.
그 순간 다른 원숭이들은 물벼락을 맞을까 봐
반사적으로 그 원숭이를 낚아챕니다.

원숭이들은 사다리 위의 새내기 원숭이에게
일제히 달려들어 마구 때립니다.

녀석은 영문도 모른 채 매를 맞고
땅바닥에 내동댕이쳐집니다.

매타작을 당한 새내기 원숭이는 한구석에 쪼그려 앉습니다.
어깨가 쳐진 채 고개도 못 드는 걸 보니,
어지간히 기가 죽었습니다.

흥분했던 선배 원숭이들도 평정을 되찾은 듯
제각기 앉아 털을 고르거나 꾸벅꾸벅 졸기 시작합니다.

그럼 이쯤에서 다시금 변수를 도입하겠습니다.
새내기를 제외한 원숭이 가운데
또 하나를 교체해보는 거지요.

이번 새내기도 역시 조금 맴돌다가
사다리 쪽으로 달려갑니다.
그러자 선배 원숭이들이 일제히 달려들어서 똑같이 때립니다.

그런데 전에 영문도 모르고서 매를 맞았던 새내기 녀석이
이번에는 자기도 덩달아 선배 원숭이들 틈에 끼어
함께 때리는 거죠.

이후로도 같은 방식으로 원숭이들을 차례차례 교체해봅니다.
그때마다 같은 일이 반복되지요.

새로 온 원숭이는 바나나를 따먹으려 사다리에 접근하고,
다른 원숭이들은 끌어내려 몰매를 주는 겁니다.

왜 매를 맞는지도 모르고
왜 때려주는지도 모르면서
새내기들은 선배들의 행동에 가세합니다.

그렇게 차례차례 바꾸다 보니,
처음 실험실에 투입되었던
8마리가 모두 교체되었습니다.

이젠 실제로 물벼락을 맞아본 원숭이가
한 마리도 남아 있지 않게 된 것이죠.

그런데도 세대 교체된 2세 원숭이들은
더 이상 사다리 근처에 다가서지 않습니다.

실제로 물벼락을 맞아본 일이 없었음에도
그렇게 행동하는 겁니다.

원숭이들 사이에서 왠지 몰라도
'사다리에 가까이 가면 얻어맞는다'는 규제가
하나의 불문율이 되었기 때문입니다.
샤워 장치를 제거한 다음에도 실험실 우리에는
아무런 변화가 일어나지 않습니다.

사다리 근처에 가면 왜 매를 맞는지, 그리고
사다리 근처에 가는 녀석이 있으면 왜 때려야 하는지
영문을 모른 채 원숭이 실험실 우리의 2세대들은
그냥 땅바닥의 도토리만 주워 먹습니다.

누구도 천장의 바나나를 올려다보지 않는 가운데
오늘도 내일도 똑같은 날들이 되풀이될 것입니다.

첫째 허들

찾기

인터넷에서 가져온 정보는 인터넷에서 풀 수밖에 없습니다. 구체적으로 말해 인터넷 검색을 통해서 그 자료의 소스와 경로를 추적해보는 것입니다. 사실 검색이란 말을 영어로 하면 '서치search'인데, 한국말로 옮기면 그냥 '찾기'란 말이 됩니다. '찾기', 아주 가깝게 들리는 생기 있는 말입니다. 이 세상에 처음 태어나는 순간부터 이 '찾기'에서 우리의 삶이 시작됩니다. 들을 수도 볼 수도 없는 상황인데도 갓 태어난 아기는 어머니의 품에 안겨 정확하게 젖꼭지를 찾아갔던 것입니다. 입을 오물거리면서.

이야기의 뿌리 찾기

 이야기로부터 수업을 시작하는 '8020 명강'을 사람들은 이상한 학교라고 할지 몰라요. 나도 어렸을 때 소설책을 읽다가 어른들에게 여러 번 혼났거든요. "야! 공부는 안 하고 맨날 소설책만 읽어!" 어른들은 그렇게 꾸중하셨어요. 교과서가 아닌 것은 무조건 공부가 아니라고 생각했던 거죠. 그런데 아이들은 교과서만 아니라면, 무엇이든 재미있어 해요. 그래서 나는 소설책을 읽고 싶으면 다락방에 들어가 몰래 읽었어요. 이야기에서 배우는 것은 학교에서 가르치는 공부와는 다른 놀라움, 호기심, 상상력 그리고 동경. 그게 창조의 원동력이었어요. 재미만이 아니라 자연히 머릿속에서 따져보기도 하는, 혼자 생각하는 버릇도 생겼지요.
 그래서 제임스 와트^{James Watt(1736~1819)}가 물이 끓는 주전자의 뚜껑이 움직이는 것을 보고 증기기관을 발명했다는 이야기를 들었을 때도 곧바로 질문을 했어요.

거짓말의 발견

 "선생님, 선생님! 와트는 무엇을 하는 사람이었나요."
 "증기기관 수리공이었단다."

"그러면 와트가 증기기관을 발명하기 전에도 증기기관이 있었다는 말이네요."

그 시간 이후부터 나는 선생님의 이야기라고 해도 의심을 품었지요.

갈릴레오 Galileo Galilei(1564~1642) 이야기를 들었을 때도 난 그 이야기를 믿지 않았어요. 겉으로는 굴복하는 체했지만 갈릴레오는 재판정을 나오면서 혼잣말을 했다는 거죠. "그래도 지구는 돈다"라고. 나는 감동보다 먼저 이상하다는 생각이 들었어요. 그래서 나야말로 혼잣말을 했어요. "뭐, 혼잣말을 했다구. 혼잣말을 한 걸 누가 들었지? 남이 들을 수 있었다면 그건 혼잣말이 아니잖아." 내 의문이 옳았어요. 뒤에 알고 보니 정말 갈릴레오가 그런 말을 했다는 기록은 아무 데도 없어요.

이럴 때 대체로 선생님들은 쥐어박는 편이지 함께 고민하지 않아요. 이래서 학교를 처음부터 다시 시작해야 된다는 겁니다. 단 한 번밖에 없는 나의 생을 우리 안에 갇힌 원숭이 이야기처럼 영문도 모르고 살 수는 없잖아요. 그래서 여러분이 풀어야 할 첫 허들의 문제는 '따지고, 찾고, 푸는 준비 운동'이에요.

도시의 전설

"이야기를 그냥 듣지 말고 왜 따져야 하는가." 특히 인터넷 자료 가운데는 수상한 것이 많지요. 남의 글을 복사하고 갖다 붙이는 '카피 앤 페이스트copy & paste'가 상식처럼 되어 있잖아요. 최근 핀란드에서는 그런 복제문화를 신봉하고 찬양하는 종교단체까지 생겼다고 하네요. 우리가 따져야 할 원숭이 이야기도 바로 인터넷 블로그에서 퍼온 것이니 예외가 아니지요. 아주 오래전 영문 사이트를 뒤지다가 우연히 찾아낸 이야긴데 처음엔 보물을 캐냈다 싶었지요. "바로 이거야!" 마침 IMF의 조치로 기업의 구조조정이 한창일 때라 이 원숭이 이야기에 무릎을 쳤어요.

바나나를 탐내다가 찬물을 뒤집어쓴 원숭이, 이유도 모르고 맞고 이유도 모르며 때리다가 어느새 사다리 근처에도 가지 않게 된 원숭이 집단. 그렇지요. 그때의 우리 상황을 찍어낸 비디오 같은 이야기라고 생각했지요. 그런데 이 원숭이 이야기 역시 누가 쓴 것인지 출처도 없이 인터넷에 떠돌아다니는 수상쩍은 이야기였지요. 어쩌면 과학적 근거가 없는 '도시의 전설'인지도 몰라요. 그냥 비유적으로 쓴 이야기라면 관계없지만, 동물실험을 통한 이야기라면 그 오리지널을 찾아야만 해요. 그것이 실험을 토대로 한 과학적 담론인지 아니면

이솝우화처럼 허구로 된 문학적 담론인지에 따라 이해하고
해석하는 방법이 달라지니까요.

현장검증, 오리지널을 찾아라

결자해지結者解之라고, 인터넷에서 가져온 정보는 인터넷에
서 풀 수밖에 없어요. 구체적으로 말해 인터넷 검색을 통해서
그 자료의 소스와 경로를 추적해보는 거죠. 검색檢索이라고 하
면 경찰의 검문이나 군대의 수색을 연상하게 되겠지만, 젊은
세대들은 광고에서도 흔히 뜨는 네모꼴의 초록색 검색창이
떠오를 겁니다. 사실 검색이란 말을 영어로 하면 '서치search'
이지요. 한국말로 옮기면 그냥 '찾기'란 말이 됩니다.
'찾기', 아주 가깝게 들리는 생기 있는 말이잖아요. 이 세상

도시의 전설Urban Legend
도시(의) 전설은 근현대를 무대로 한 전설의 일종으로, 출처가 불분명한 이야
기를 두루 가리킬 때 흔히 사용된다. 모든 도시 전설이 지어낸 이야기는 아니
지만, 여러 사람과 매체를 통해 전달·유포되는 과정에서 선정적으로 왜곡·과
장되는 경우가 많다. 도시 전설은 전자우편이나 웹 사이트 등을 통해 널리 전
승되는데, 일반적으로 '친구의 친구에게 일어났던 일'이라든가 '20세기 초 모
처에서 일어났던 일'이라는 전제 하에 그 사연을 개제·전달하는 특징이 있다.
한편 사회학자나 민속학자는 도시 전설을 산업화 이전의 전설과 뚜렷이 구별
하고자 '현대 전설Contemporary Legend'이라고 바꿔 부르기도 한다.

에 처음 태어나는 순간부터 이 '찾기'에서 여러분의 삶이 시작되었으니까요. 들을 수도 볼 수도 없는 상황인데도 갓 태어난 여러분은 어머니의 품에 안겨 정확하게 젖꼭지를 찾아갔던 거죠. 입을 오물거리면서.

(이때 말끝마다 토를 달기 좋아하는 학생이 끼어든다.)

⊛ 아닙니다. 우유병입니다. ㅋㅋㅋ

◉ 그래, 맞다. 맞는 말이다. 하지만 우유를 먹고 자랐는데도 용케 소가 안 되고 사람이 되었구나. 다른 교실에서 선생 말을 가로막고 그런 말을 했다면 영락없이 수업 방해로 쫓겨나지. 하지만 이 강의에서는 그런 잡음을 오히려 환영하지. 왠지 알아? 미셸 세르Michel Serres(1930~?)의 노이즈 이론이 여기에서는 통하니까. 프랑스 말로 노이즈를 '파라지트parasite'라고 하는데, 그 말은 기생충을 뜻하기도 해.

⊛ 그러면 제가 기생충이 되는 거네요.

◉ 그래도 억울할 것 없어요. 그 책에서는 기생충이란 것이 좋은 존재로 사용되고 있으니까 말이야. 정보 이론에서 노이즈는 제거할 대상이지만, 실은 그 노이즈가 있기 때문에 정보기술은 발전하고 새로운 시스템이 생겨나게 된다는 거야. 지금 우유병이라는 말 때문에 잠시 수업이 중단되었어. 그런데 내 이야기의 맥을 끊은 노이즈 때문에 애초에 진행하려던 내 강의 내용에 어떤 변화가 일어나게 된 거야. 우

유병의 젖꼭지는 아이가 찾아서 빠는 것이 아니라 입에 갖다 물려주는 것이니까, 찾지 않아도 비닐 꼭지를 대주니까, 자기가 후각을 세우고 손가락을 곤충의 더듬이처럼 움직이지 않아도 돼. 더 이상 어머니 젖을 찾지 않아도 되는 아이는 수동적인 삶으로 바뀌겠지. 처음부터 찾는 의미가 달라지는 것이지. 보행기에 의존하는 아이가 스스로 일어설 생각을 하지 않는 것처럼 말야.

⊛ 선생님, 조금 슬퍼지려고 해요.

⊙ 그래, 노이즈 끝, 기생충 끝! 그러면 숙주로 돌아와서 강의를 계속해야지. (기침) 어렸을 때 어머니의 젖꼭지, 아니 우유병을 찾던 여러분이 조금 더 성장하게 되면 술래잡기를 하지요. 술래에서 벗어나려면 꼭꼭 숨은 아이들을 찾아내야 하겠지요. '아닙니다. 아파트에는 숨을 곳이 없어서 술래잡기 같은 건 하지 못 합니다'라고 할지 몰라요.

- -

미셸 세르의 노이즈 이론

누가 노이즈를 좋다 하고 기생충을 반갑다고 할까. 그러나 이 노이즈도 반전시키면 살아가는 데 없어서는 안 될 중요한 역할을 한다. 노이즈를 제거하지 않고 오히려 그 안으로 끌어들임으로써 예상치 않던 효과가 생기고 발전을 꾀할 힘을 얻을 수도 있다는 의미다. 정보이론에서도 파라지트는 제거해야 할 장애물이라기보다 정보의 일부분으로 받아들여진다. 바로 이 '노이즈 이론'을 주장한 프랑스의 철학자 미셸 세르는 자신의 저서 『헤르메스Hermes』에서 "태초에 혼돈이 있었다. 오늘날은 혼돈을 잡음, 본질음이라고 말한다. 그러나 잡음이 아니라면, 어디에서 말이 생겨날 수 있겠는가"라고 역설한다.

- -

아파트 그런 게 무슨 상관. 여러분은 지금 용케 여친, 남친을 찾아다니는 술래잡기를 하고 있잖아. 시골이든 도시의 아파트건 어디에 숨어 있을 자신의 분신을 찾아내야 해. '잃어버린 내 반쪽'뿐일까? 아니지. 우리는 어딘가에 있을 우리의 꿈, 이루지 못한 내 소망을 찾아 끝없이 헤매는 평생 동안 술래지. 죽을 때까지 숨은 것을 찾아내는 게임을 해야 되는 거야.

그래요. 짐승들은 먹을거리만 찾고 짝을 찾기만 하면 돼요. 하지만 여러분에겐 지적 호기심 그리고 영성이라는 것이 있어서 '먹을거리', '일거리'만으로는 살아갈 수 없어요. '볼거리', '들을거리', '이야깃거리' 그리고 '생각거리', '믿을거리'를 찾아야 하니까. 하루하루를 뜻있게 살려고 삶의 탐색자, 추적자가 되는 것이지. 아니면 평생 쫓기는 도망자로 살아야 해요.

그런데 여러분은 어떤가. 컴퓨터의 검색 창에서 대부분 시간을 소비하고 있잖아. 요즘 젊은이들은 사색하지 않고 검색만 한다고 놀리는 말이 생겨난 것도 그 때문이지.

⊛ (반발하며) 아유, 검색도 그렇게 쉽지 않아요.
◉ 맞다. 검색이라는 것이 "금 나와라 뚝딱 은 나와라 뚝딱" 하는 요술 방망이가 아니거든. 제대로 하려면 아주 힘들어

요. 사색을 많이 해야 검색이 되지요. 자, 여러분, 말보다 행동이야. 지금 바로 검색창에 들어가 오리지널 원숭이를 잡아와요. (선생, 한 학생을 가리키면서) 어떻게 됐지?

✽ 네, 선생님 네이버 검색창으로 들어가 '8마리 원숭이'라고 쳐봤어요. 그런데 전연 관계없는 원숭이들만 나오는데요. 맨 처음에 뜬 걸 열어보니 '원숭이 10마리가 침대에서 뛰다가 떨어져서 한 마리씩 머리를 다쳐 엄마 원숭이가 의사 선생님에게 전화를 거는 내용'이에요.

◉ 영문 사이트에서 퍼온 이야기라고 했잖아. 그러니까 이럴 경우, 구글닷컴에 직접 들어가보는 거지. 그리고 '8 mon-keys'니 뭐니 영어 키워드를 넣어봐. 검색의 제일원리, "호랑이를 잡으려면 호랑이 굴로 들어가라."

✽ 와, 정말 떴다. 0.27초 만에 1억 4,000만 개의 자료를 찾았다는 표시가 떴어요.

◉ 그래, 이제 알겠지. 인터넷을 왜 바다에 비유했는지. 1억이 넘는 자료 안에서 8마리 원숭이의 진짜 소스를 찾는다는 것은 사자숙어로 창해일속滄海一粟이라고 해. 넓은 바다에서 좁쌀 한 알갱이를 찾는 격이야.

✽ 어쩌죠? 하나하나 클릭해서 확인만 하려 해도 밤을 새도 모자랄 텐데….

◉ 너무 걱정 안 해도 돼. 다행히 구글의 검색 엔진은 페이지뷰라는 특수한 알고리즘을 써서 많은 사람들이 찾는 정보

가 순위별로 맨 앞으로 나오도록 되어 있어. 그러니까 우선 앞자리에 있는 것부터 훑어봐요.

⊛ 정말 그렇군요. 와, 앞쪽에 뜬 자료들이 바로 우리가 찾는 그 원숭이들 이야기네요. '셰어링 스테이션Sharing Station: Enjoy Our Sharing Information'이라는 웹 사이트입니다. "이 8마리 원숭이 이야기는 영국에서 실제로 실험한 보고서를 기초로 한 것입니다"[1]라고만 되어 있네요. 영국, 그것도 수상쩍게 'UK'라고만 되어 있어요. 이것도 어디서 베껴온 자료가 분명해요.

계속 뒤져봐도 다 똑같은 짝퉁들인데요. 누가 실험한 것인지 소스를 밝힌 자료는 하나도 찾을 수 없네요.

⊙ 뭐랬어. 그러니까 창해일속이지. 검색 키워드를 바꿔가면서 계속 범위를 좁혀가 봐. "두드리라 그러면 열릴 것이다." 성경 말씀이 거짓말이 아니라는 걸 알게 되지.

⊛ 아, 여기 있다. 정말 그러네요. 누군가 우리처럼 이 원숭이 이야기의 실험을 확인할 수 있는 곳을 링크할 수 있도록 도움을 청한 글을 찾았는데요.

⊙ 그런데?

⊛ 그런데요. 그 글을 보고선 모두가 다 엉뚱한 동문서답입니

---

1 The Story of the 8 Monkeys: "This is reportedly based on an actual experiment conducted in the U.K."

다. 아니면 헛발질이구요.

⊙ 그렇지. TV가 처음 등장했을 때 그걸 '바보상자'라고 불렀지. 인터넷 검색을 하다 보면 정말 화날 때가 많아. 인터넷은 '바보 바다'라는 생각이 들거든. 8마리 원숭이 이야기는 인기 짱으로 유튜브YouTube에 만화로 만든 동영상까지 올라와 있어. 그런데도 그 소스를 밝힌 것은 하나도 없으니 말이지. 이 원숭이 이야기 하나만 놓고 보더라도 그게 진짜 실험을 한 건지, 비유로 쓴 우화인지도 모르면서 수백 수천의 똑같은 이야기를 검색하고 베끼고 퍼 나르고, 이런 끔찍한 짓을 전 세계가 10년 넘게 되풀이하고 있단 말야. '바보의 바다'를 서핑하는 '바보들의 행진'이 아니고 뭐겠어. 하지만 아니야. 멍청한 것은 바로 나 자신이지. 검색 방법이 나빴던 것이지. 형사 콜롬보의 추리력을 발휘하여 검색의 키워드부터 새롭게 해봐. 옮기는 과정에서 뜬소문이 그렇듯이 4마리가 5마리로 불어날 수도 있고, 그것이 다시 8마리로 늘어 지금 우리의 손으로 들어온 것인지도 몰라. 그러니까 키워드로 '5 monkeys', '4 monkeys' 그리고 '바나나Bananas', '냉수Cold water' 등 관련어를 섞어서 복합검

페이지 뷰Page View
'페이지 뷰'라는 말은 말 그대로 '페이지를 본다'는 뜻으로 이해하기 쉽다. 하지만 사실은 구글의 창업자인 래리 페이지Larry Page(1973~?)의 성을 따서 '페이지가 보는 방식'이란 의미로 붙인 것이다.

색을 해봐. 피곤한데 시간 절약을 위해서 아예 '8마리 원숭이 실험8 monkeys experiment'이라고 쳐보든가. 정보의 지문을 찾아내는 것이지. 그러면 "네, 주인님 분부만 하십시오." 알라딘의 요술 램프가 된 검색창에서 거인이 나타나 도와줄 거야.

⊛ 유레카, 유레카! 드디어 찾았습니다!

⊙ 축하한다. 장하다 장해. 그래, 어디에 있든?

⊛ '스켑틱스Skeptics'라는 사이트에 있어요. 이것 말고도 별별 도시의 전설이 잔뜩 있네요.

⊙ 그래. 그 사이트는 과학적으로 의심이 가는 사항들의 진위眞僞를 밝히기 위해서 만들어진 거야. 사람들이 들어와 묻고 대답하고 풀어가는 집단지集團知의 맞춤형 공짜 웹 사이트야. 인터넷에는 그런 사이트가 많아.

⊛ 와, 정말 스릴 만점예요. 바다에서 좁쌀이 아니라 진주 한 알을 건져낸 기분이에요.

내 뭐라 했어요. 결자해지라고 했잖아요. 8마리가 아니라 5마리, 그리고 글이 아니라 만화로 그린 버전을 대상으로 그 실험에 대한 진가를 검증하는 내용들입니다. 거기서 여러분은 한 응답자로부터 이 이야기의 출처로 짐작되는 책 한 권의 정보를 얻게 됩니다. 1994년에 하버드 비즈니스 스쿨에서 나온 『미래를 위한 경쟁Competing for the Future』이라는 책이지요. 다만 그 저서에 소개된 원숭이의 실험 이야기엔 8마리가 4마리로, 사다리가 장대^{Pole}로 되어 있을 뿐 우리가 읽었던 이야기와 똑같은 거였어요.

그런데 문제는 그 저자인 하멜^{Hamel}과 프라할라드^{Prahalad} 역시 원숭이의 실험에 관한 출처를 명확하게 밝히지 않았다는 점입니다. 그 책에는 그저 "한 친구가 행한 동물실험"이라고만 되어 있어요.[2] 그리고 보니 'UK'(영국)에서 실험한 이야기라고 소개한 것도 이해가 가네요. 바로 그 교수들이 영국 런던 경영전략연구소의 교수들이었던 거죠.

실험이 아니다 신화다

"꼭꼭 숨어라, 머리카락 보일라"의 숨바꼭질에서, 우리는 검색 키워드라는 작은 머리카락 하나를 잡고 감춰져 있던 중요한 사실을 찾아내는 데 성공했어요.

그중 하나는 응답자의 정보를 통해서 원숭이 실험을 한 사람이 누구인지, 우리가 알고 싶어 했던 그 문제를 저자에게 직접 문의한 적이 있었다는 사실입니다. 공저자인 프라할라

---

2   "A friend of ours once described an experiment with monkeys." Gary Hamel & C. K. Prahalad(1996-03-21), *Competing for the Future* (Kindle Location 1136). Perseus Books Group. Kindle Edition.

드 교수는 타계했지만 하멜 교수는 생존해 있었기 때문에 직접 문의를 할 수 있었는데, 그에 대한 반응은 얻어내지 못했다는 거예요. 여러 번 시도 끝에 얻어낸 결론은 원숭이의 실험설이 아무래도 저자들이 꾸며낸 '신화'라는 심증이었던 것이지요.

그리고 또 하나는 '이런 실험을 실제 해보면 결과가 어떻게 될까'라는 물음에 대해 불가 판정을 내린 댓글이었지요. 30년 동안 100여 번의 원숭이 실험을 해온 문화인류학자 클로드 브람블리트 박사는 트위터의 140자보다 더 짧은 코멘트로 답했지요. "만약 장대 끝에 달린 바나나가 당신 것이었다면, 그것을 잃게 될 뿐이다."[3] 그런 실험을 했다가는 바나나만 잃게 된다는 농담으로 일소에 붙인 것입니다. 그것은 과학이 아니라는 명쾌한 결론을 얻게 된 거예요.

이번 검색 결과로 여러분은 인터넷 검색 요령과 서치 엔진이 얼마나 막강한지 그 위력을 알게 되었을 겁니다. 바다에서 좁쌀 한 알갱이를 잡아내는 위력, 그리고 박식하고 천재적인 한 개인의 엘리트보다 여러 사람이 힘을 합친 집단지 쪽이 훨씬 더 도움이 된다는 사실 말이지요. 그리고 무엇보다 이 8마리 원숭이 이야기의 추적 가운데 우리는 첫째 허들을 넘을 수 있는 준비를 갖추게 되었습니다. 그래서 여러분은 과

---

3   "If you have bananas on a pole, you'll lose your bananas."

학적 담론인가 문학적 담론인가의 시험 문제에 대해서 명쾌한 답안을 쓸 수 있게 된 것이지요. 과학실험이 아니라 은유와 상징의 상상력으로 만들어낸 픽션Fiction이라는 것을 알았기 때문에, 이제부터는 그 이야기의 '팩트Fact'에 관계없이 얼마만큼 개연성Probability이 있는지를 밝히면 되는 것입니다.

카피미즘Kopimism

  세상에 이런 일이! 스웨덴에 서는 '카피 앤 페이스트'를 종 교화한 일명 '카피미즘'이란 단체가 등장했다. 그것도 지 도자와 예배의식을 갖춘 정 식 종교단체로, 지난 2012년 1월 5일에 스웨덴 정부로부터 공식 승인 받았다. 단 이 단체는 일반 종교와 달리 신이나 내세를 내세우지 않으 며, 정보에 생명이 없다는 점을 인정한다. 즉 정보란 죽고 사는 어떤 것 이 아니라 기억에서 잊히거나 기억되는 종류의 것이며, 무한 복제됨으 로써 그 가치가 연장될 수도 있다고 생각한다.

카피미즘의 지도자인 이삭 게르손Isak Gerson은 20세의 청년으로 현재 스웨덴 웁살라대학교의 철학과에 재학 중이며, 이 단체의 교인들은 현 실 공간에 세운 교회가 아니라 웹사이트에 접속해서 자유롭게 만난다. 현재 총 신도 수, 그러니까 정기적으로 홈페이지를 방문하는 접속자 수는 3,000명에 이른다. 이들은 정보를 성스러운 것으로 여기고, 그것 을 복사해 옮기는 행위인 '카피 액팅Copyacting'이 일종의 예식처럼 행 해진다. 따라서 파일 공유에 관한 어떤 법률도 거부한다. 한편 카피미 즘은 피라미드 속에 든 'K' 문양을 로고로 쓰는데, 이때 'K'란 스웨덴어 로 카피를 뜻하는 단어에서 따온 것이다. 이 밖에도 'Ctrl+V'나 'Ctrl+C' 를 상징으로 사용한다고 한다.

가만 보니 그냥 종교가 아니라 무언가 색다른 사회문화적 움직임이라 고 할 수 있겠다. 이처럼 정보의 탈소속화, 탈소유화를 꾀하면서 지식 공유를 주장하는 움직임은 '카피라이트Copyright'에 반대한다는 뜻에 서 '카피레프트Copyleft 운동' 혹은 '자유 소프트웨어Free software 운동' 이라고 부른다.

와트가 증기기관을 발명하기 전에도
증기기관이 있었다는 사실

토마스 세이버리

증기기관을 처음 발명한 사람은 영국의 군사 공학자였던 세이버리Thomas Savery(1650?~1715)다. 세이버리는 와트보다 80년이나 먼저 1689년에 광산을 오가는 최초의 증기기관을 만들었다. 이른바 '세이버리 기관'으로 불리는 최초의 증기기관은 연료를 많이 필요로 하는 비효율적인 형태였다. 이후 1708년에 뉴커먼Thomas Newcomen(1663~1729)이 이를 개량해 최초의 상업적 증기기관을 고안했고, 이것을 와트가 보완해 에너지를 훨씬 효율적으로 사용할 수 있게 만들었다. 이로써 증기기관의 사용량이 폭발적으로 늘어나게 되었다. 오늘날 와트의 증기기관은 기술혁신이 세계를 바꾼 대표적인 예로 손꼽힌다. 이를 기리기 위해, 영국과학진흥협회는 그의 이름을 일률과 동력 단위로 택했고, 1960년 제11차 도량형총회에서는 국제단위계의 하나로 정식 채택되었다. 오늘날 전자제품의 동력을 가리키는 국제단위인 '와트Watt'라는 말이 바로 이 '제임스 와트James Watt'의 이름에서 따온 것이다.

**최초의 증기기관인
'세이버리 기관 Savery System'**

2

타우마제인

과학이 현대인의 또 다른 미신을 낳게 한 민간종교가 되어버립니다. 더는 아름다운 동화가 존재할 수 없게 된 것인가요. 전설의 지혜, 신화의 경탄은 더 이상 과학의 이름을 빌리지 않고서는 홀로 설 수 없는 것일까요. 철학을 비롯한 모든 학문은 '타우마제인'에서 태어난다고 합니다. '타우마제인'은 그리스로 '놀라움'이라는 뜻입니다. 신비한 자연과 우주를 보며 경탄과 찬미를 자아내는 감동과 그 황홀감, 그러한 마음에서 인문학과 예술들이 태어나게 되었습니다.

⊛ (한 학생, 갑자기, 강의 시작도 안 했는데, 그냥 욱하고 질문······) 선생님, 픽션이냐 논픽션이냐, 과학적인 담론이냐 아니냐, 왜 그런 게 중요한 건지 아직도 잘 모르겠습니다. 그래봤자 논문이 아니라 만화 감인데, 그저 읽고 즐기면 안 되나요. 명작소설도 아니고 과학실험도 아닌 거. 인터넷에서 흔히 볼 수 있는 유머라고 생각하고 그냥 지나가면 안 되나요. 인터넷에선 그런 거 많이 떠요.

과학이라면 아무것이나 믿는 현대의 미신

◉ 그래, 맞는 말이야. 얼마나 많은 사람이 그동안 지금 20이 말한 것처럼 그냥 웃고 넘어가버렸을까. 사과 떨어지는 것을 그냥 아무렇지 않게 보아온 사람들처럼, 그렇다면 다시 묻겠어. 세계적인 경영전략의 저명한 교수, 거기에 노키아Nokia나 포드Ford 같은 세계 굴지의 대기업에서 초빙한 컨설턴트가, 아니 다른 것은 다 그만두고라도 세계적인 베스트셀러가 된 그 책 속에서 무엇이 답답해 출처도 없는 이야기를 왜 군이 과학실험인 것처럼 꾸며야 했을까.

⊛ 우화형식이 아니라 동물실험을 전제로 만든 이야기라서요. 그래야 책을 쓴 교수님들의 폼이 나니까요.
과학실험이라고 해야 남들이 더 잘 믿을 테니까요.

◉ 그것 봐. 스스로 해답을 찾았잖아.

"왜 문학적 담론을 과학적 실험인 것처럼 꾸며야 했을까."
이 문제를 풀지 못하면 요즘 여러분들이 잘 사용하는 유행어
처럼 '멘붕'에 빠지는 거죠. 과학이라면 무조건 믿는 그 '멘탈
붕괴' 말이지요. 이미 보았어요. 우리가 검색을 통해서 찾아
낸 수많은 짝퉁 원숭이 이야기들은 예외 없이 그것이 실험한
이야기라고 강조하고 있었잖아요.

그뿐만 아니라, 심지어 '은디디 에과투Ndidi Egwuatu'라는 블
로거는 박사 명칭을 단 자신의 홈페이지에서 그 원숭이 이야
기가 해리 할로 박사Harry Harlow의 연구 결과라고 과학자의 실
명까지 밝혔지요. 할로 박사라고 하면 1950년대에 '철사 어
머니와 포대기 어머니'의 원숭이 실험으로 세계적으로 알려
진 동물심리학자죠. 한국에서도 애를 키울 때의 스킨십이 얼
마나 중요한지를 이야기할 때 곧잘 인용되는 실험 보고예요.
그래서 할로 박사의 실험이라고 하니까 누구나 감동을 받았
다는 댓글을 남기고 간 거지요. 그런데 그것을 그냥 보고 지
나치지 않은 한 사람이 있었지. 정말 할로 박사가 그 실험을
했는지 그 연구 리스트를 모조리 뒤져본 겁니다. 그리고 그것
이 거짓말이라는 사실을 밝힌 댓글을 올린 것이죠.

여기서 한 걸음 더 나가 왜 이런 빤한 거짓말을 하는지 그
의도를 캐 들어가면 여러분들이 앞으로 무슨 생각을 하고 어

떻게 살아가야 하는지 직접 관련된 여러 문제와 만나게 된다는 겁니다.

할로 박사의 철사어머니와 포대기 어머니 실험

해리 F. 할로Harry F. Harlow, 1905~1981 박사는 하나의 실험을 수행했다. 원숭이의 신생아를 철사로 만든 것과 부드러운 헝겊으로 만든 두 인공모人工母로 키워보는 실험이었다. 연구 결과 원숭이 새끼들은 모두 포대기 어머니를 더 좋아하는 것으로 나타났다. 할로 박사는 미국 심리학회의 연설에서 자신의 실험을 이렇게 요약했다. "이 자료가 말하는 바는 명확합니다. 접촉으로부터 얻는 위안은 애착 반응의 발달에서 압도적으로 중요한 변수인 반면, 수유授乳는 무시해도 좋을 정도의 변수입니다." 즉 아기와 어머니의 관계란 단지 먹을 것에 기초하는 것이 아니라, 접촉과 애착 관계에 기초한다는 것이다. 아기 원숭이는 우유를 주는 철사 어머니보다 포근함을 주는 헝겊 어머니를 더 사랑한 것이다.

철사 어머니,

포대기 어머니,

타우마제인, 이 찬란한 놀라움이여

우리는 과학실험이라고 해야 곧이듣고 과학적으로 증명되었다고 해야 무조건 믿는 시대에 살고 있습니다. 과학을 내세운 합리주의다, 실증주의라는 과학 만능의 편향된 교육을 받아온 여러분들은 자신의 뇌 한쪽이 붕괴하는 것도 모르고 있는 거죠. 태곳적부터 써온 말인 줄 아는 'scientist과학자'라는 말도 실은 180년 전 윌리엄 휴얼William Whewell이란 사람이 처음 만들어 쓴 말이죠. 더구나 그 당시 과학 분야에 종사하던 사람들 사이에선 그 말이 'dentist' 치과의사와 어감이 비슷하다고 해서 인기도 없었다고 해요. 그들은 자연철학자로 불리기를 원했다는 거죠.

과학이 현대인의 또 다른 미신을 낳게 한 민간종교가 되어버린 겁니다. 더 이상 아름다운 동화는 존재할 수 없게 된 것

'scientist'란 말의 탄생

1800년대 초까지만 해도 과학은 자연을 대상으로 한 철학이라는 의미에서 '자연 철학Natural philosophy'으로 불렸고, 과학자들 역시 스스로 '자연철학자 Natural philosopher'라고 칭했다. 그러니 계몽주의의 강력한 영향력 곧 만사를 유형화하고 분류하려는 인식의 흐름에 힘입어, '철학'과는 방법론 등에서 차이를 보이는 '과학'을 별도로 지칭해야 한다는 문제의식이 고개를 들었다. 그래서 사람들은 라틴어 'Scientica'를 차용해 과학을 따로 부르기 시작했다. 그리고 1833년 윌리엄 휴얼은 이 'Scientica'라는 단어를 활용하여 그러한 학문에 종사하는 이들을 'Scientist'라고 부르기로 했던 것이다.

원더랜드
**wonder-
land**

원더풀
**wonder-
ful**

원더
wonder

Thaumazein

인가. 전설의 지혜, 신화의 경탄은 더 이상 과학의 이름을 빌리지 않고서는 홀로 설 수 없는 것일까.

옛날에는 예수님도 석가모니도 그리고 공자님도 2,000~3,000년이 지나도 끄떡없이 살아 숨 쉬는 이야기를 남기셨죠. 여러 가지 비유적 이야기로 빛과 생명과 진리의 길을 보여줬어요. 낙타가 바늘귀로 들어가는 환상적인 은유로 가난한 자의 천국을 보여준 예수, 빈 골짜기에 홀로 핀 난초 앞에서 거문고古琴를 타던 공자, 연꽃을 사이에 두고 침묵으로 이야기를 나누었던 석가모니—우리의 영혼은 그 이야기의 요람 속에서 자랐던 거죠. 노자와 장자, 소크라테스와 플라톤, 그리고 승僧 일연이 전하는 옛날 삼국 시대의 우리 조상님들 모두 놀라운 이야기꾼들이었지요.

그런데 오늘날에는 8마리 원숭이의 경우처럼 모든 이야기들은 과학의 실험실에서 나온 것처럼 꾸며져야 해요. 대학 강의가 재미없게 된 것도 이야기는 죽고 과학실험만이 남게 된 오늘날의 학문풍토 때문이라 할 수 있죠. 철학을 비롯한 모든 학문은 '타우마제인θαυμάζειν, Thaumazein'에서 태어난다고 했는데 말이지요. '타우마제인'은 그리스어로 '놀라움'이라는 뜻이죠. 신비한 자연과 우주를 보며 경탄과 찬미를 자아내는 감동과 그 황홀감, 그러한 마음에서 인문학과 예술들이 태어나게 되었다는 겁니다.

'타우마제인'이라는 그리스어가 어렵다면 '원더Wonder'라는 영어를 생각해도 좋아요. '원더'는 우리가 멋있는 것을 보면 소리치는 '원더풀Wonderful'과 같은 말이잖아요. 놀라움을 나타내는 말이면서도 뭔가 불가사의한 것을 가리키는 뜻도 있고. 놀라움과 의문이 함께 있는 의식과 감정, 그것이 타우마제인이고 우리가 여덟째 허들을 넘어가려고 하는 바로 그 '원더랜드Wonderland'인 것이지요.

의문에 쌓인 신비한 세상! 우리에게는 지적 호기심이라는 작은 더듬이가 있지요. 그리고 거기에서 학문과 예술의 이야기가 태어나는 거예요.

문학적 담론, 픽션의 즐거움

알겠지요. '8마리 원숭이 이야기'를 과학실험물로 읽으면 타우마제인은 사라지고 말아요. 왜냐하면 "원숭이는 비를 맞는 것처럼 차가운 물을 싫어하는가, 바나나를 얼마나 좋아하는가, 바나나가 야생하지 않는 일본이나 중국 땅에 사는 원숭이라면 어떤 반응을 할 것인가, 냉수 샤워를 한 원숭이들은 정말 화가 나 집단행동으로 공격하는가," 오로지 이 같은 원숭이의 생태와 그 사실 확인에만 관심을 갖게 될 것이니까요. 그 모든 게 사실이랬자 이미 그것은 파블로프의 개 실험에서 보여준 조건반사의 짝퉁 연구에 지나지 않을 것입니다. 가슴

이 뛰는 내 삶과는 별 관련도 없는 심심한 이야기가 되고 말겠지요.

하지만 들어봐요. 그 이야기를 오늘의 인간사회를 축약한 상징적 이야기로 읽는다면 어떨까. 그 원숭이들은 바로 내 욕망이고 내 행동이고, 턱없이 높은 천장에 매달린 그 위험한 바나나는 언젠가 어렸을 적에 꿈꾸었던 하늘 위의 별이라고 말예요. 그러면 그 원숭이들을 가둔 우리는 지금 내가 사는 집, 내가 다니는 학교, 무엇보다도 내가 처음 입사할 회사가 될지 몰라요. 아니, 바깥의 바깥이 아니라 몸 안에 갇혀 있는 내 마음이라는 생각이 들겠지요. 거기에 나와 나 아닌 타자들의 집단이 있고, 나는 그 집단 안에서 매를 맞기도 하고 때로는 매를 때리는 집단에 가담하기도 하지요. 아무 영문도 모르면서 그것이 전통이고 문화이고 우리가 믿어온 법이요 종교라고 말예요.

집에는 가풍家風, 회사에는 창업 당시로부터 내려오는 사풍社風이란 게 있을 겁니다. 관례나 사규 같은 것도 있어요. 선배

파블로프의 개 실험

러시아의 생리학자인 파블로프Ivan Pavlov(1849~1936)가 한 유명한 실험이 있었다. 개에게 먹이를 줄 때마다 종을 울리면, 나중에는 먹이를 주지 않고 종소리만 들려도 개가 침을 흘리게 된다는 것이다. 이는 어떤 조건에서 반사적으로 일어나는 작용에 대한 실험이다. 이와 비슷한 예로 "자라보고 놀란 가슴 솥뚜껑보고 놀란다"라는 우리나라 속담이 있다.

원숭이들처럼 때리지는 않지만, 그 규율이 무거운 공기로 신입 사원을 압박해올 겁니다. "이런 일을 하지 말아, 이런 일은 꿈도 꾸지 말아, 우리도 다 그런 과정을 겪었으니 당연한 것으로 알아." 신입사원 워크숍 때의 일을 아팠던 흉터로 기억하게 되겠지요.

하멜 교수가 진짜 말하고 싶었던 것도 실험과 관계없이 오래된 회사의 전통과 규약에 대한 것이었어요. 그것은 우리에게 두 개의 커다란 위협으로 다가온다는 겁니다. 첫째는 우리가 믿는 것에 대해서 왜 그것을 믿는지를 기억하지 못하게 된다는 것이고, 둘째는 회사의 경영자들은 자신이 알지 못하는 것들은 알 필요가 없다고 착각하게 된다는 겁니다. 어제의 좋은 아이디어는 오늘의 정책이자 가이드라인이 되고, 내일의 필수 조건이 된다고 믿고 있죠. 아무도 그런 원칙에 대해 의문을 갖지 않으며, 누구도 애초에 왜 이렇게 되었는지 이 정책, 이 절차, 이 과정은 왜, 어떻게 해서 생겨났는지를 묻지 않는다는 겁니다. 그래야 '우리'라는 집단의 조직 안에서 편히 살아가는 원숭이들이 되는 것이지요.

그런데 과연 거기서 끝날까. 내 안의 감옥은 더 크고 요지부동의 국가로, 아시아로, 빙산이 녹고 있는 지구 전체로 확대시켜 갈 수도 있어요.

나무 잘 타는 원숭이가 사다리에 오르지 않는 이유. 그렇게 탐내는 바나나를 눈앞에 두고서도 본체만체하는 원숭이. 왜 그렇게 해야 하는지조차 묻지 않는 원숭이. 그것은 충분히 "듣지 않고 보지 않고 말하지 않는" 고전적인 '세 현명한 원숭이의 이야기' 같은 우화로 남아도 손색이 없습니다.

그런데 왜 그것을 꼭 과학실험 이야기라고 해야만 하지요? 이야기의 힘, 예술의 힘, 인문학의 역할을 유효기간이 지난 식품처럼 생각하기 때문일까. 벌써 19세기 말에 오스카 와일드Oscar Wilde는 「거짓말의 쇠퇴The Decay of Lying」라는 글을 썼어

세 현명한 원숭이 이야기

유네스코 세계유산으로 지정된 일본의 닛코토쇼구 사당日光東照宮, にっこうとうしょうぐう에는 세 마리 원숭이의 목각 부조가 있다. 이 세 마리 원숭이는 눈, 귀, 입을 각각 가리고 있다. 나쁜 걸 보지 않으려 눈을 가리고, 나쁜 걸 듣지 않으려 귀를 막으며, 나쁜 걸 말하지 않으려고 입을 가린 것이다. 이 형상은 『논어』의 가르침인 "비례물시, 비례물청, 비례물언(非禮勿視, 非禮勿聽, 非禮勿言)"을 형상화한 것이다.

요. 허구를 상실한 리얼리즘의 풍조를 그때 벌써 감지했던 거예요. 그것을 우리가 똑같은 이야기로 되풀이하는 겁니다.

스토리텔링 시대가 오고 있다

21세기의 주역으로 살아갈 여러분들은 그와는 다른 시대의 징후를 봐야지요. 과학기술이 주도해온 산업주의가 더는 지속 불가능하다는 것은 여러 사람들이 지적하는 오늘의 현실입니다. 효율에서 소통으로, 기능에서 감성으로 세상이 바뀌어가고 있다고들 해요.

감성과 소통의 방식으로 이야기가 다시 뜨는 시대를 『드림 소사이어티The Dream Society』의 저자 옌센Rolf Jensen은 이렇게 말했죠. "상품이 아니라 상품에 담긴 이야기를 판다." 정치도 기업도 스포츠도 스토리텔링으로 이끌어가는 시대가 오고 있다는 겁니다. 아니, 이미 왔어요. MIT 같은 공과대학에서 스토리텔링 창작과를 만드는 시대가 아닌가 말이지요. 만약 하멜 교수가 10여 년 전 그때가 아니라 지금쯤 그 책을 썼다면 어땠을 것 같아요? 모르긴 몰라도. 8마리 원숭이 이야기를 전면에 당당하게 내세웠을 겁니다.

⊙ 조나단 B. 와이트Jonathan B. Wight 교수의 『애덤 스미스 구

하기Saving Adam Smith』 같은 소설형식의 경제학 책이 되었겠지.

⊛ 예!『누가 내 치즈를 옮겼을까?Who Moved My Cheese?』 같은 책도 있습니다.

◉ 그건 우화형식의 기업 경영서로 베스트셀러가 된 책이지. 치즈로 가득한 창고에서 어느 날부턴가 조금씩 치즈가 사라지지. 이런 환경변화에 대처하는 쥐들의 서로 다른 태도나 선택을 보노라면 우리 자신을 보게 되는 것이지. 혹은 존 코터John Kotter의 『빙산이 녹고 있다고?Our Iceberg is Melting』도 같은 주제를 다룬 책이라고 할 수 있어.

⊛ 지구 온난화 문제인가요?

◉ 아니야. 그것도 기업 경영서인데 원숭이가 아니라 펭귄 이야기지. 펭귄이 갈매기처럼 변화하지 않으면 생존할 수 없다는 것으로, 우화지만 미래소설 같은 이야기라 할 수 있지. 조금만 기다려. 뒤에서 자세히 언급하게 될 테니까. 탈출 허들을 넘을 때 꼭 필요한 '이야기 지도'라고 생각하면 돼.

조나단 B. 와이트의 『애덤 스미스 구하기』

조나단 B. 와이트는 '보이지 않는 손'으로 유명한 애덤 스미스를 주인공으로 해서 소설을 꾸몄다. 인간의 이기적 욕망에 주목했다고 알려진 스미스의 경제학이 실제로는 인간의 이타적 도덕감정의 원리에 기초했다는 사실을 소설형식으로 구성한 경제 교양서로 전 세계 주요한 대학에서 경영학과 경제학의 교과서로 쓰여졌다..

이야기의 힘은 세다

유물론자 칼 마르크스Karl Marx가 마지막까지 헷갈린 것도 그 알 수 없는 이야기의 힘에 대한 것이었어요. 요약해서 말하면, "제철소가 들어선 시대에 불카누스Vulcanus(로마의 대장장이 신)가 얼마나 더 버틸 수 있을까." 그러니까 아무리 전기가 발명되어 발전소가 들어서고 통신기술이 발달해도 여전히 벼락을 내리는 제우스Zeus나 전령사 헤르메스Hermes 같은 신들, 그리스 로마 신화의 이야기들이 살아남을 수 있을 것인가 하는 물음이었지요.

아직도 우리가 그런 신화와 전설에 영향을 받는 이유는 그것이 인류 유년기의 산물이고, 유년기의 모든 매력과 소박함, 그리고 조숙성을 띠기 때문이라는 것이 마르크스의 결론이었죠. 우리가 그때보다 '훨씬 높은 단계'에 도달하고서도 때때로 새로이 포착하고 재생산해내고 싶어 하는 진리를 품고 있기 때문이라는 풀이지요. 한마디로 신화나 전설이 살아남은 것은 유년 시절을 그리워하는 마음이 아직도 우리에게 남아 있는 탓이라고 생각했던 거죠.

자동차가 등장하면 마차는 사라지죠. 지금 남아 있는 마차들은 그야말로 인류가 유년 시절에 남긴 추억을 즐기려는 관광객의 동화 덕분일 겁니다. 그리고 트로이전쟁에서 사용하던 창과 방패, 높은 성곽도 미사일이 날아다니는 오늘날의 전쟁터에서는 쓸모없는 어린이 장난감에 지나지 않을 거구요. 하지만 다시 묻죠. 그것을 노래한 호메로스Homeros(B.C. 850?~700)의 서사시 『일리아드Iliad』는 어떠한가. 마르크스의 말대로 인쇄기 앞에서 더는 버티지 못하고 사라지고 말까요.

> ⊛ (느닷없이 한 학생이 소리를 꽥 지른다.) 아닙니다. 지금도 여전히 우리의 가슴에 불을 지르고 우리의 눈에서 눈물을 흐르게 해요. 마비노기, 삼국지, 라그나로크, 엑스칼리버, 온라인 게임의 스토리는 모두 옛날이야기, 전설과 신화 속에서 따온 것들이 엄청 많아요.

마르크스의 가장 큰 실수는 "열 길 물속은 알아도 한 길 사람 속은 모른다"는 한국 속담을 몰랐던 것이죠. 열 길 물속을 재는 똑같은 자로 사람 속을 잴 수 있다고 믿은 거예요. 신화의 소멸을 이야기한 마르크스의 예언이 빗나가게 된 것을 사회학자 다니엘 벨Daniel Bell도 그렇게 말했어요. 도구를 생산하는 호모 파베르Homo Faber의 영역과 상징물을 창조하는 호모 픽토르Homo Pictor의 영역을 혼돈한 데서 비롯된 오류라고 말예요.

말이 고상하지, 호모 파베르의 영역이란 '열 길 물속'이고, 호모 픽토르는 '한 길 사람 속'을 나타내는 영역이라고 말할

호모 사피엔스homo sapiens : 지혜있는 사람, 현명한 인간

생물에 처음으로 체계적 족보를 붙인 스웨덴 생물학자 린네는 인간을 호모 사피엔스Homo sapiens라고 이름 붙였다. '지혜있는 사람'을 뜻하는 라틴어로 현생인류를 가리키는 말이다.

일반적으로 4~5만 년 전부터 지구상에 널리 분포하였다. 호모 사피엔스의 특징은 이족직립보행과 평균 1,350㎤의 뇌용적, 높은 이마, 작은 이와 턱 등의 신체적 특징과 도구를 제작·사용할 수 있었고 언어와 문자 같은 상징들을 사용하였다는 점에서 초기 인류와 구별된다.

네안데르탈인과 구별해 현세인을 '호모 사피엔스 사피엔스'라고도 한다. '호모'의 어원인 라틴어 '후무스humus'는 '흙, 먼지'란 뜻. 인간은 흙에서 나왔다는 기독교적 세계관이 담겨 있다. 린네식 분류에 따르면 인간은 '동물계 척추동물문 포유강 영장목 사람과 사람족 사람속 사피엔스종 사피엔스 사피엔스 아종亞種'이다.

호모 에렉투스homo erectus : 직립하는 인간

화석인류化石人類 중에서 원인原人으로 총칭되는 그룹. 1856년 네안데르탈인(구인)의 발견 이후 많은 화석인류가 발굴되어 학명도 많이 늘어났기 때문에, 원인 이후를 호모속屬으로 총괄하려는 것이다. 피테칸트로푸스(자바원인)·시난트로푸스(베이징원인)·하이델베르크인·호모하빌리스·테란트로푸스·애틀랜트로푸스 등이 이 그룹에 포함된다.

호모 데멘스homo demens : 착란인, 미친 인간, 광기의 인간

인간이 동물과 다른 본질적 특성을 이성과 합리성에서 찾는 전통적인 인간관에 반기를 들고, 인간이 다른 동물과 구별되는 본질적 특성을 비이성, 불합리, 광기에서 찾으려는 인간관이다. 이러한 인간관에 따르는 사람들은 서양의 근대 이후로 인간은 본능이 억압되고 파괴되어 자연스러운 유대를 잃고 지리멸렬한 상태에 몰려 있다고 본다. 이 개념을 주창한 학자는 프랑스 사회학자 애드거 모랭이며, 미셸 푸코의 『광기의 역사』 역시 이러한 인간관을 지지하고 있다.

수 있겠지요.

설명할 수 없는 것을 설명하다

그러한 영역을 잘 분간할 줄 알았던 아인슈타인Albert Einstein이기에 "죽음이 무엇이냐"는 기자의 물음에, 이 역시 출처 없는 도시의 전설일지 몰라도 그는 "더 이상 모차르트 Wolfgang Amadeus Mozart의 음악을 들을 수 없는 것"이라고 대답했다고 해요. 죽음은 결코 수치화하거나 그의 유명한 '$E = MC^2$' 같은 공식으로 풀 수 있는 대상이 아님을 이 위대한 물리학자는 잘 알았던 거죠. 아무리 어려운 문제라도 결국 '설명할 수 있는 것을 설명하는 것'이 과학이고 '설명할 수 없는 것을 설명하는 것'이 예술이라고 했어요. 그리고 거기에 하나를 덧붙이자면 '설명해서는 안 되는 것을 설명하는 것'이 종교이고 말예요.

인간을 나타내는 다양한 용어
호모 아카데미쿠스Homo academicus: 학문적 인간, 호모 에스테티쿠스Homo aestheticus: 미학적 인간, 호모 아쿠아티쿠스Homo aquaticus: 수중적 인간, 호모 아르텍스Homo artex: 예술인, 호모 아토미쿠스Homo atomicus: 원자 인간, 호모 비블로스Homo biblos: 기록의 인간, 호모 비올로기쿠스Homo biologicus: 생물적 존재로서의 인간, 호모 부커스Homo bookus: 책 읽는 인간, 호모 캐리어스Homo carriers: 매개체의 인간.

이 세 가지 담론양식을 알아야 여러분은 8마리 원숭이 이야기의 최종지인 여덟째 허들을 다 넘을 수 있습니다. 아인슈타인은 생명이니 죽음이니 하는 설명할 수 없는 것을 모차르트의 음악, 즉 예술의 힘을 빌려 설명하려고 한 겁니다. "상상력이 지식보다 소중한 것"이라고 말했던 아인슈타인은 물질계의 과학영역에서만 갇혀 있지 않았던 거죠.

그래서 그는 자신의 연구실에 "수로 계산할 수 있는 모두가 소중한 것이 아니다. 소중한 것이 모두 수로 계산할 수 있는 것이 아니다"[1]라는 문학적 레토릭을 사용한 경구를 써붙였다고 해요. 모든 것을 수리로 계산하고 설명하려는 과학자가 빠지기 쉬운 함정을 스스로 경계하고자 한 메시지였던 것이죠.

그런데 만약 "죽음이란 무엇인가"라고 셰익스피어William Shakespeare에게 물었다면 어떻게 답했을까. 모차르트의 음악처럼, 그는 햄릿Hamlet의 "사느냐 죽느냐, 그것이 문제로다"[2]로 보여줬을 겁니다. 갈릴레오가 처음으로 망원경을 통해서

아인슈타인 경구의 언어유희
아인슈타인의 이 경구는 '카운트Count'의 두 가지 뜻을 활용한 일종의 언어유희다. 영단어 'Count'는 보통 '계산(하다)'이라는 뜻이지만 '중요하다'라는 다른 의미도 있다. 아인슈타인은 이런 이중의 의미를 염두에 두고 연이은 두 문장 속 'Counts'와 'Can be counted'의 위치를 맞바꿈으로써 멋진 레토릭을 만들어낸 것이다.

하늘의 별들을 관측하고 있을 때, 셰익스피어는 이야기(드라마)를 통해서 사람들이 사는 세상과 그 마음속을 들여다보았던 거죠. 두 사람은 같은 해에 태어난 동갑내기였고, 남들이 모르는 세상을 관측하고 탐색하기 위해서 평생을 바친 공통점이 있어요. 다만 그 대상과 방법이 달랐을 뿐입니다. 갈릴레오가 광학기술로 렌즈를 만들어 육안으로 볼 수 없었던 하늘의 별들을 볼 수 있게 한 것처럼, 셰익스피어는 문학적 상상력으로 보통 사람들의 언어로는 감지하거나 표현하지 못하는 인간의 다양한 삶을 보여준 거예요. 갈릴레오의 렌즈가 여느 유리와 달랐듯이, 셰익스피어가 만든 무대의 말은 보통 사람들이 거리에서 사용하는 그런 언어와는 밀도가 달랐습니다. 좀 더 전문적으로 말하면 '마니에리즘'이라는 애매하고 복합적인 언어를 만들어낸 기법이었던 것이죠.

갈릴레오에게, 아인슈타인에게 사랑이 무엇이냐고 물었다면 무어라고 말했을까. "사랑은 눈물의 씨앗"이라고 한 대중가요의 가사만큼도 못했을 겁니다.

그래서 셰익스피어는 갈릴레오의 망원경으로는 도저히 관측하지도 형상화할 수도 없는 지상의 별들을 '이야기'를 통해서 보여주었던 것이죠. 죽음, 권력, 질투, 복수, 수많은 인간의

---

1 "Not everything that counts can be counted, and not everything that can be counted, counts."

2 "To be or not to be, that is a question."

마음과 행동을, 논리나 과학으로 정의할 수 없는 것을 설명 가능케 한 것은 셰익스피어의 이야기의 힘이었지요.

⊛ 셰익스피어와 갈릴레오가 동갑내기라는 것도 신기하지만, 이 둘을 나란히 두니까 과학과 문학의 차이를 쉽게 알 수 있을 것 같습니다. 그리고 보면 우리 속담도 참 대단하네요. 열 길 물속을 재는 물질의 세계와 한 길 사람 속을 재는 정신의 세계를 아주 쉽게 구별해주니까요. 사람 속을 재는 것이 그보다 더 어렵다는 점도 잘 표현되어 감동받았습니다. 그런데 왜 학자들은 그렇게 어려운 말을 쓰죠?

⊙ 그러게 말이다. 한국 속담으로 하면 쉽게 풀리는 걸 굳이 어려운 말 가져다 쓸 거 없지. 근데 말야, 또 하나 흥미로운 사실이 있어. 스페인의 뛰어난 이야기꾼 세르반테스 Miguel de Cervantes Saavedra(1547~1616)는 셰익스피어와 같은 해에 죽었다는 거지.

⊛ 예?!

⊙ 세르반테스도 주석을 잔뜩 단 학자들의 글을 좋아하지 않았어. 『돈키호테El Ingenioso Hidalgo Don Quixote de la Mancha』 서문에서 이 점을 신랄하게 비평하고 있으니 말야.
하지만 한국 속담을 그리스 사람들은 학문의 영역으로까지 끌어올렸지. 그걸 그리스어로 번역한다면 어떻게 될까. 아주 아카데믹한 학술어가 되겠지. 그것이 바로 '피시스

Physis'와 '세미오시스Semiosis'라고 부르는 거야. 피시스가 물질계로 측정할 수 있는 '열 길 물속'이라면, 세미오시스는 기호계(상징계)로서 측정할 수 없는 '한 길 사람 속'이 되는 거지. 그런데 물질계와 대립되는 또 하나의 영역으로 그리스 사람들은 항상 '노모스Nomos'라는 영역을 설정했던 거야. 노모스는 법이야. 율법 같은 것이지. 모든 규칙과 규범에 관련된 영역이야. 사회과학의 주요 탐구 분야가 바

마니에리즘Manièrisme

마니에리즘은 르네상스 후기의 미술에서 구도나 제재에 색다른 변화를 주어 기교적 표현에 집중한 예술상의 기교주의를 말한다. 마니에리즘은 지적으로 세련되었으며 자연과 반대되는 인공적인 특성을 갖고 있다.

Ars와 Téchnē

옛날에는 기술이라는 말과 예술이라는 말이 오늘처럼 그렇게 멀리 떨어져 있지 않았다. 아니, 옛날에는 거의 같은 말이었다. 과학기술을 영어로 '테크놀로지'라고 하고 예술은 '아트Art'라고 하여 경우에 따라서 반대말처럼 사용하고 있지만, 사실은 그게 희랍어와 라틴어의 차이일 뿐 뜻은 똑같다. 그러니까 테크놀로지는 그리스어의 '테크네Téchnē'에서 비롯된 말이고, 아트는 라틴어의 '아르스Ars'에서 온 말인데 그 뜻은 똑같았다는 것이다. 그러다 시간이 지나면서 각종 기술용어는 그리스어를 차용해 '테크닉Technic'이라 부르고, 예술은 별도로 라틴어인 '아트Art'로 지칭하면서 서로 구별하게 된 것이다. 흔히들 "인생은 짧고 예술은 길다"라고 하는데, 이 말을 한 사람이 바로 의학의 아버지로 불리는 히포크라테스Hippocrates(B.C. 460?~377)다. 왜 의사가 갑자기 예술 이야기를 했을까. 히포크라테스가 말하려고 한 것은 "인생은 짧고 배워야 할 의술(기술)은 길다"라는 뜻이었다. 그리고 후대에 기술을 뜻한 '아르스'를 현대식으로 예술이라고 오역한 것이다.

로 이거란다. 갈릴레오가 망원경으로 별을 보다가 재판정에서 종교재판을 받은 거, 그게 바로 노모스야. 그 노모스가 얼마나 융통성 없고 지독한 건지 알아? 갈릴레오의 종교재판에서 받았던 그 죄가 풀린 것이 바로 얼마 전의 일이거든. 가톨릭 교황청 과학원 회의에서 무죄 복권된 때가 바로 1992년이니까.

이야기 본능

우리가 스토리텔링에 거는 기대는 마르크스의 말처럼 "유년기에의 그리운 추억" 때문이 아니라, 오히려 그것이 설명 불가능한 인간의 삶을 보여주고 미래를 창조할 수 있는 동력으로 작동하기 때문이지요. 자, 보세요. 첨단의술을 다루는 세계보건기구WHO의 상징물이 그리스 신화에 나오는 의신 아스클레피오스의 지팡이가 아닙니까. 현대 과학기술의 상징인 인공위성의 이름들이 왜 타이탄Titan이고 아폴로Apollo인가요. 오히려 신화와 전설은 더욱더 새롭게 재생산되고 증식해가지요. 과학기술이 우리 생활을 지배하면 달나라 여행 같은 베른Jules Verne(1828~1905)의 공상과학 소설이 나오고, 우주 시대가 열리면 SF가 생겨 〈E.T.〉 같은 영화가 생산되고, BT의 신기술이 나오면 〈쥐라기 공원Jurassic Park〉 같은 영화가 나와요.

전자 미디어와 인터넷 네트워크가 지구를 뒤덮어도 여러분들은 결코 동굴 앞에 화톳불을 피워놓고 나누었던 선사시대의 이야기 버릇을 버리지 못합니다. 그래서 프랑스의 철학자 베르그송Henri Bergson은 인간이라는 생물종을 이야기하는 동물 '호모 로쿠악Homo Loquax'이라고 정의했고, 앞에서 말한 대로 다니엘 벨은 영상 창조의 동물 '호모 픽토르'라고 정의합니다.

아스클레피오스Asklepios의 지팡이

아스클레피오스는 그리스 신화에 등장하는 의술의 신이다. 아스클레피오스의 지팡이는 그가 항상 지니고 다니는 뱀이 감긴 지팡이를 말한다. 의술의 신인 아스클레피오스가 항상 지니고 다니기 때문에 현대에는 의료, 의술의 상징으로 전 세계에서 사용되는 상징이다. 세계 각국의 구급차나 의료기구, 군대 등에 사용되고 있다. 심지어 〈스타 트랙Star Track〉의 우주 함대 의료부의 휘장으로도 사용되었다.

이와 혼동되는 지팡이가 하나 더 있다. 바로 헤르메스의 지팡이인 '카드세우스'다. 지팡이에 감겨 있는 뱀이 한 마리면 아스클레피오스의 지팡이이고, 두 마리면 헤르메스의 지팡이다. 디자인이 비슷하더라도 전연 다른 것이므로 혼동하지 않도록 주의해야 한다. 헤르메스는 망자를 저승으로 인도하는 신이다. 헤르메스의 지팡이에는 날개가 달려 있고 두 마리의 뱀이 대칭을 이루고 있어서 안정적인 느낌을 주기 때문에 서양에서는 꽤 자주 사용되었다. 그래서 미 육군 의무대의 휘장을 그대로 옮겨 사용한 대한의사협회의 심볼이 뱀 두 마리인 헤르메스의 지팡이가 된 웃지 못할 해프닝도 발생했다. 현재는 교체 논의가 진행 중이라니 곧 아스클레피오스의 지팡이가 들어갈까?

학생 시절을 생각해봐요. 하품처럼 긴 오후 지루한 수업시간에 선생님이 "에~, 또 이것은 수업과 관계없는 거지만" 말을 더듬으면서 이야기를 꺼낼 낌새를 보이면 여러분들은 일제히 환호성을 질렀지. 그러면 졸던 학생도 벌떡 일어나요. 이야기라는 한마디에 교실이 갑자기 술렁거리고 백묵가루가 묻은 선생님의 몸통에는 원시인의 이두박근이 되살아나는 거죠. 원초의 이야기 본능이 깨어나는 순간이에요. 대수롭지 않은 이야기인데도 교실에서는 풀 냄새가 나고 숲속의 바람소리가 들려와요. 이야기가 교실 벽을 허물면 선생도 학생도 열린 바깥을 사유하기 시작하는 겁니다. 기억하지요. 『생각의 축제』에서 본 자크 프레베르Jacques Prévert의 교실, 병 속의 파란 잉크가 바다가 되어 출렁거리는 그런 교실 말예요.

'8020 이어령 명강'의 교실도 바로 이렇습니다. 우리는 앞서 셰익스피어와 갈릴레오, 세르반테스라는 국적도 다르고 전공도 다른 이 세 명의 걸출한 이야기꾼들이 생몰년으로 우연히 얽혀 있는 것을 보고서 즐거워했죠. 이러한 우유성偶有性 혹은 우연성Contingence을 한낱 흥밋거리로 생각할 수도 있겠지만, 실은 전혀 그렇지가 않아요. 우리에게 소중한 것은 바로 이 사소하고도 흥미로운, 작고도 견고한 우유성의 매듭인 거죠.

이전까지 과학이나 인문학 분야에서는 비논리적이라고 해서 이 우유성이나 신비 등을 모두 배제했어요. 마찬가지로 신비주의에서도 과학의 엄격한 논리성에 등을 돌렸지요. 서로가 서로를 배제하면서 학문의 틀을 구축해온 거예요. 각 분야별 독립성의 측면에서 보자면 이는 옳은 일입니다. 그러나 인간 그 자체에 있어서는 좀 다르지요. 과학의 관점도, 과학으론 도저히 풀 수 없는 신비도 인간에겐 모두 필요하니까요. 삶이란 바로 그처럼 과학과 신비가 뒤얽혀 있는 것이니 말예요. 다행히 현대에 와서는 인생이란 우유성의 연속임을 새삼 발견하고, 그 가치를 소중히 하려는 학문적 움직임이 적지 않지요.

오늘날 비합리적인 것들의 가치에 눈 밝아졌듯이, 우리의

베르그송

베르그송은 '언어인Homo Loquax'에 반감을 느낀다고 Antipathique 기술한다. 그러나 인간은 이러한 지성의 자연적인 경향에 머물지 않고, 보다 더 순화된 지성을 획득해왔다. 그것이 가장 작은 의미 단위의 지성, 즉 물질의 순수 인식을 목표로 하는 과학적 지성이다. 이 지성의 전형이란 '정신의 수학적 기능'으로, 베르그송 또한 합리주의자와 마찬가지로 가장 잘 완성된 지성의 형태를 순수 수학 안에서 찾아내고 있는 것이다.

이 '과학에서까지 정확화된 지성'이 인식의 수단이 된 것은, 이제는 애매한 언어가 아니라 보다 정밀화된 기호계다. 베르그송에 의하면, "물질적으로도 정신적으로도 창조하는 것Créer, 사물을 제작하고Fabriquer 또한 자기 자신도 제작하는 것"이 인간의 본질이다. 이처럼 과학적 지성이 물질적 창조에 종사하는 까닭에, 베르그송은 '제작인Homo Faber'도 '지성인Homo Sapiens'도 높이 평가한다.

수업에서도 종래에 배척되었던 우유성을 끌어안고서 이야기 세계를 여행할 겁니다. 말하자면 사람을 연구하는 학문, 인생을 연구하는 학문인 것이죠. 또한 논리가 아니라 연상, 유추Analogy, 상징Metaphor, 우연한 결합 등을 적극적으로 사고 속에 끌어들일 거예요. 그러니 이야기의 여정에서 곁들여지는 온갖 소음과 속삭임, 이 '노이즈Noise'를 멀리하는 것이 아니라 오히려 거기에 귀 기울여 봐요. 대부분 창조란 바로 이 우유성에서 나오거든. 가령 전위 음악계의 거장으로 불리는 존 케이지John Cage는 우연성과 불확실성의 요소를 도입해 세상에 없던 〈4분 33초〉 같은 음악을 만들어냈지요. 또 걸출한 소설가인 제임스 조이스James Joyce도 작품 속에 우연히 끼어들어간 일상의 대화를 용인한 적이 있지요. 작품을 녹취하던 중 서기로 일하던 사무엘 베케트Samuel Beckett를 방으로 불렀는데, 베케트가 이를 오해해서 작품에다 '컴 인Come in'이라고 적어넣은 거예요. 그런데 조이스는 이 문장을 지우지 말고 그냥 두라고 했죠. 앞뒤가 안 맞는 그 말이 들어감으로써 독자들이 어떤 연상을 할지 모른다는 것이지요. 어때요, 참 재미있고 여유로운 발상이 아닌가요. 한편 앙드레 지드Andre Gide 역시 "내 글에는 나 자신이 쓰는 글과 하늘의 글이 뒤섞여 있다"고 말한 적이 있습니다. 하늘의 글, 바로 우연적인 창조성이 그의 작품에 스며들어 있다는 고백입니다.

우연성의 소중함이 바로 이렇습니다. 그것은 마치 인간의 삶에 섞여든 하나의 생명, 약동하는 혈맥과도 같아요. 그렇다면 우리 수업에선 좀 다르게 생각해야겠죠. 비약이란 때로 합리성 너머의 도약, 곧 하나의 비상飛翔이 될 수 있음을 염두에 두자는 거예요. 현재 눈앞에 없고 합리적이지 않다 할지라도, 우리의 마음이나 머릿속에서는 큰 의미의 우주가 만들어지고 있다는 것, 이 소중한 사실을 기억해요.

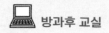

소칼의 장난Sokal's Hoax

1996년, 뉴욕대학교 물리학과 교수였던 앨런 소칼Alan Sokal 교수는 유명 인문학술지 《소셜텍스트Socal Text》의 봄·여름호에 연구 논문을 발표한다. 「경계의 침범: 양자 중력의 변형해석학을 위하여」란 제목의 논문이다. 여기엔 특별히 이목을 끌 만한 점이 없었다. 그런데 얼마 후 사건이 벌어진다. 논문의 내용이 허위임을 스스로 폭로한 것이다. 그해 5월, 《소셜텍스트》의 발간 직후 소칼은 또 다른 학술지인 《링구아 프랑카Lingua Franca》에 실은 「물리학자가 문화 연구를 실험하다」라는 글에서 이 사실을 밝혀 큰 파장을 불러일으켰다.

과학자였던 소칼은 인문학자들이 자의적으로 과학의 사실들을 원용하는 데 반감을 가졌고, 학문간 통섭이란 명목 하에 창조적 사고의 가치를 앞세워 사실들을 원 맥락에서 떼어내어 활용하는 건 옳지 않다고 보았다. 과학이란 어디까지나 시대나 장소를 넘어 보편타당한 것인데, 이를 자의적으로 해석해 특유의 난해한 문체로 서술하면서 사상적 지향점을 모색하려는 입장이 영 거슬렸던 것이다. 또한 인문학자들의 '창의적' 시도가 착상의 첫 단계 곧 자료에 대한 철저한 검증 과정 없이 이뤄진다는 점도 우려했다. 이는 비단 소칼 혼자만의 생각이 아니었다. 어쨌든 소칼은 인문학자들이 이러한 행태를 꼬집을 때를 노렸다. 그리고 《소셜텍스트》에서 '과학전쟁Science War' 특집호에 실을 논문을 공모하자 이를 기회로 삼았다.

소칼이 발표한 논문의 제목을 다시 보면, '양자 중력'이란 과학적 사실을 '해석학'이라는 인문학의 방법론으로 '변형'시킨다! 언뜻 보기엔 전형적인 학문적 좌파의 입장 같다. 하지만 소칼은 이 시도를 '경계의 침범'이라고 표현한다. 다시 말해, 과학과 인문학 사이에는 엄연한 경계가 존재하고, 그것을 가로지르는 행위는 그 성격이 어떠하든 '침범'의 성격을 지닌다는 뜻이다. 그래서 통섭이나 교섭이란 단어 대신 '침범'을 택했던 것이다. 이후 소칼의 이런 행보는 계속되어, 프랑스 유수 철학자들의 시도를 초점 삼아 이를 대대적으로 꼬집는 『지적 사기 Fashionable Nonsense』라는 책을 출판하기도 했다.

불시에 공격당한 '학문적 좌파Academic Left' 측은 당황했지만, 곧 입장을 밝혔습니다. 특히 소칼의 논문을 의심 없이 실었던 것은 단지 학계에 보장된 소칼의 권위를 용인했기 때문이 아니라, 동료 학자의 논문을 '검증'하지 않는다는 기본 입장 때문이라고 했다.

이 각각의 관점에 대해서는 그 옳고 그름을 간단명료하게 판단하기 어렵다. 다만 이 사건이 주는 시사점에 주목할 수는 있겠다. 과학적 사실이라거나 과학자의 언급이라는 말이 사실성을 절대적으로 보장하지 않는다는 것이다. 더불어 이 해프닝은 과학자와 인문학자의 입장 차이, 피시스와 세미오시스의 차이를 알려주는 좋은 예이기도 하다.

변화

세대가 아무리 변해도 원숭이들은 할아버지, 아버지와 다름없이 땅바닥의 도토리만 주워 먹고 있을 것입니다. 혹시 원숭이 우리 안, 그 집단에서 자생적인 변화의 가능성을 찾을 수는 없을까요? 가령 그중 한 탐욕스러운 원숭이, 식탐 많은 원숭이가 전통적 금기, 집단의 약속을 깨고 사다리에 오릅니다. 사다리에 오르면 샤워 장치에서 물이 쏟아지고 난데없는 물벼락에 원숭이들이 화를 내겠지만, 그 녀석 덕분에 일단 사다리와 바나나의 관계를 알게 됩니다. 전통 역사를 거슬러 올라가 1세대 원숭이와 같은 환경에 놓이게 되는 것입니다.

변화를 일으키라!

우리는 두 허들을 무사히 넘어왔어요. 이제 8마리 원숭이 이야기가 과학실험이 아니라 비유(상징)로 꾸며진 일종의 우화라는 것을 알게 되었죠. 사람의 이야기를 원숭이에 빗대어 말하는 그 많은 우화 중에 하나라고 말예요. 하지만 여기가 우리의 목적지는 아니죠. 기쁨은 잠시, 원더랜드까지 가려면 아직 한참 멀었어요.

골짜기에 서니 또 다시 오르막길이 보이네요. 자, 이 셋째 허들을 넘으려면 우리 스스로 이야기를 만들어야 합니다. 그렇지 않으면 8마리 원숭이들은 3세대, 4세대, 몇 세대가 바뀔지라도 판에 찍은 듯한 똑같은 생활을 평화와 안정이라고 부르겠죠. 세대가 아무리 변해도 원숭이들은 할아버지, 아버지와 다름없이 땅바닥의 도토리만 주워 먹고 있을 겁니다. 여러분들 같으면 어떻게 하겠어요.

하나, 외부로부터의 변화

⊛ 오바마Barack Obama처럼 '체인지!'CHANGE!란 구호를 만들죠.

⊙ 그렇지, 변화가 있어야지. 하지만 추상적 구호로 그들을

움직이게 할 수 있을까?

❋ 가장 손쉬운 방법은 사육사들이 도토리를 주지 않는 겁니다. 그럼 배고픈 원숭이들이 사다리에 올라가서 바나나를 따먹으려 하겠죠. 그러면 물이 쏟아지고, 원숭이들은 왜 지금까지 그 바나나를 따먹지 않았는가 하는 원인을 발견하게 될 겁니다.

물이 쏟아지면 1세대와 똑같은 이야기가 될 수도 있겠지만 이번 경우는 다르죠. 원숭이 모두에게 먹을 것이 없으니까요. 허기지고 배고픈 것보다는 물 맞는 편이 차라리 낫겠다고 생각하겠죠.

하지만 원숭이들은 서로 다투며 야단법석을 떨 거예요. 바나나를 두고 싸움이 벌어져서 삽시간에 평화는 깨지고 말 겁니다. 지금까지 신성시하던 사다리는 산산이 부서지고, 어쩌면 바나나는 누구도 먹지 못하게 될지도 몰라요. 그것은 변화가 아닙니다.

◉ 지금까지의 이야기는 모두 외부로부터의 변화에서 비롯된 결과야. 환경 곧 외부적인 조건이 바뀌면 그런 상황이 벌어지겠지. 인간으로 치면 바로 전쟁, 가뭄, 혹은 기후변화 같은 거야. 그렇다. 그것은 진정한 변화가 아니지.

그리고 서로 다투고 물어뜯고 짓밟은 후에 따먹는 바나나가 과연 맛있을까? 전쟁에는 승자가 없어. 전리품도 없지. 전쟁이 일어나면 지금까지 잘 지켜오던 사회 질서, 인간관계, 도덕과 풍습 같은 문화적 가치를 다 포기해버리고 말아요. 사랑과 용서, 포용의 가치 같은 것은 땅에 떨어져버리는 거지요. 외부로부터 오는 전쟁과 혁명은 진정한 변화와 평화를 낳지 못해요.

실제로 여러 역사서를 뒤적이다 보면 이런 상황을 적잖이 발견할 수 있습니다. 특히 투키디데스^{Thucydides}의 『펠로폰네소스 전쟁사』엔 이런 장면이 상세히 적혀 있지요. 아주 실제적이고 현실적인 역사가였던 투키디데스는 총 8권에 이르는 방대한 역작에다 전쟁 속 인간을 있는 그대로 치밀하게 기록했어요. 특히 그는 전쟁이란 "아들이 아버지를 묻는 것이 아니라 아버지가 아들을 묻는 것"이라고 했지요. 젊은이들이 먼저 죽으니까요. 당쟁, 모략, 배신, 암투의 처절한 장면들, 인간이라고 감히 말할 수 없는 정황이 벌어집니다.

하지만 전쟁이나 내전이 아닌 다른 환경에서의 인간은 같은 역사책 속에서 참으로 고결하고 우아하고 선하게 그려져 있죠. 상황에 따라 그리는 방법이나 관점이 다른 거예요. 그렇게 해서 전체 이야기나 서술구도가 입체성을 지니게 되는 것처럼, 인간의 운명이란 그리고 역사란 그런 이야기처럼 구불구불하고 여러 겹인 것이니까. 단순한 공식, 단일한 흐름이 인생에는, 역사에는 없다는 것이죠. 인간은 0도에서 얼고 100도의 비등점에서 끓는 물이 아니라는 것이지요.

둘, 내부에서의 변화

또 다른 변화의 가능성은 어디서 찾아야 할까. 혹시 원숭이 우리 안, 그 집단에서 자생적인 변화의 가능성을 찾을 수는 없을까? 가령 그중 한 원숭이가 탐욕스럽다고 칩시다. 왜 세상에는 그런 사람이 많잖아요. 어딜 가도 제 욕심을 앞세우는 사람이 꼭 있지요. 바로 그렇게 탐욕스러운 원숭이, 식탐 많은 원숭이가 전통적 금기, 집단의 약속을 깨고 사다리에 오르는 거예요.

사다리에 오르면 샤워 장치에서 물이 쏟아지고 난데없는 물벼락에 원숭이들이 화를 내겠지만, 그 녀석 덕분에 일단 사다리와 바나나의 관계를 알게 될 겁니다. 전통 역사를 거슬러 올라가 1세대 원숭이와 같은 환경에 놓이게 되는 거지요. 장 자크 루소Jean-Jacques Rousseau가 "자연으로 돌아가라"고 말했듯이, 또한 스트라빈스키 등의 현대 음악가들이 바흐로 돌아가라고 말했듯이, 소급해서 문화의 원형을 찾는 방법이 생기겠지요.

이런 소급 체험은 거창한 예 말고 아주 사소한 관료들의 규제를 변화시키는 데도 유효해요. 지금은 변했지만 얼마 전까지만 해도 공문서는 세계 어디서고 반드시 까만 잉크로 써야만 접수하는 규정이 있었죠. 그런데 관공서에 서류를 신청할 때 왜 까만 잉크만을 사용해야 하는지는 공무원들도 일반

시민들도 모르는 거예요. 만약 누군가 규정을 어기고 파란 잉크를 사용했다고 칩시다. 그리고 그에 불복해 그 이유를 따지며 공무원과 싸움을 하게 되어 업무방해죄로 법정에 서게 되었다고 가정해봐요.

비로소 옛날에는 복사기술이 발달하지 못해 검정 이외의 색은 복사되지 않았기에 그런 규정이 생겼을 뿐임을 알게 될 것이고, 오늘날처럼 복사기술이 발전한 시대에는 더 이상 그런 규정이 필요 없음을 알게 되겠지요.

이처럼 바나나를 먹고 싶은 마음에 이단아가 되기를 주저하지 않는 원숭이가 하나라도 있다면 변화가 일어납니다. 확실한 목표가 있는 원숭이라면 온갖 비난과 구타를 무릅쓰고서라도 욕구를 채우려고 할 거예요.

규율을 어기는 자의 필요악

규율을 어기는 이 원숭이 같은 사람들을 널리 일컬어서 아웃 로Out-law라고 부르지요. 미국 같으면 서부극의 감초인 무법자들이나, 혹은 골드러시Gold rush 때 캘리포니아로 모여든 채굴자들, 일명 '포티 나이너스' 가운데 그런 이들이 많았지요. 바로 이 이단아, 위반자, 반항아만이 규율을 가로질러 새로운 이야기를 가져올 수 있어요. 말하자면 '파라지트(기생충)' 같은 존재들이라고 할까.

우리나라로 치면 홍길동이나 임꺽정이라고 할 수 있겠죠. 만약 그 규율이 강제성을 지닌 법이라면 자연히 그 이단아는 범법자가 될 수밖에 없을 테고요. 다시 말해, 노모스를 거스르는 거예요. 노모스 중에서도 사회적 법망은 결국 인간이 만든 것이니, 자연계 곧 피시스처럼 불변하는 절대의 영역은 아니거든요. 이처럼 집단을 위협하는 동시에 집단의 변화 혹은 발전에 도움을 주는 요소를 필요악必要惡이라고 합니다.

포티 나이너스Forty-niners

'포티 나이너스'란 캘리포니아 골드러시 기간에 가장 많은 사람들이 모여들었던 1849년에서 따온 용어다. 1820년 캘리포니아의 인디언 거주 지역에서 금광이 발견된 이후, 미 정부는 해당 지역의 인디언들을 강제 이주시키는 "인디언 이주법Indian Removal Act"을 발의하면서까지 금을 찾기 위한 노력에 몰두했다. 이후 매해마다 일확천금을 노리며 채굴 대열에 가담하는 사람들의 수가 늘어났는데, 세크라멘토강 유역에서 다량의 금이 발견된 1848년 이후에는 그런 움직임이 절정으로 치달았다. 특히 그 이듬해인 1849년에는 미국과 유럽 전역, 심지어 중국 등지에서도 약 10만 명이 찾아와 캘리포니아 골드러시의 전성기를 열었다. 당시 이들의 존재감이 어찌나 컸던지, "넓고 넓은 바닷가에 오막살이 집 한 채"로 시작되는 미국 민요 <클레멘타인Clementine>에도 "Dwelt a miner, forty-niners"라는 가사가 등장할 정도였다.

한편 대대로 살던 고향에서 강제로 떠나야 했던 여러 부족의 인디언들은 오클라호마에 마련된 인디언 거주 지역까지 가는 동안 질병과 기아로 인한 삼중고를 겪어야 했다. 그래서 이들의 이주로는 "슬픔의 길Trail of Tears"이라고 부른다. 다행히 1838년에 모든 인디언 부족에 대한 이주 명령이 효력을 잃었으므로, 이후 인디언들은 고향으로 돌아갈 기회를 얻을 수 있었다.

가령 기차의 속도가 빨라진 것도 바로 이 때문이죠. 열차를 터는 제시 제임스Jesse Woodson James 같은 갱들 때문에 그랬다는 겁니다. 당시 갱들은 말을 타고 다니며 기차에 올라탔기 때문에 기차가 어떻게든 말보다는 빨라야 했거든요. 갱이 없었더라면 속력을 올리는 데 그렇게까지 신경 쓰지 않았을지도 모르지요.

그리고 또 하나, 지금 MBA 코스에 윤리교육 과정이 추가된 것, 인문학을 필수 커리큘럼으로 받아들이게 된 것도 비도덕적인 경영관습 때문이었어요. 그 결정적인 계기가 바로 엔론Enron 사태입니다. 엔론은 텍사스주 휴스턴에 있던 에너지 회사로,《포춘Fortune》에 6년 연속 '미국에서 가장 혁신적인 기업'으로 선정되던 전도유망한 회사였습니다. 그러다 2001년 말에 문제가 터진 거죠. 이 회사가 수년간 차입에 의존한 무리한 신규 사업으로 막대한 손실을 보았고, 이를 감추기 위해 분식회계를 해왔다는 사실이 드러났거든요. 결국 엔론은 2001년 말에 파산 신청을 했고, 무분별한 경영을 묵인해줬던 회계법인도 매각됐습니다. 이후 이 회사가 기업 사기와 부패의 대명사로 거론되면서 미국 기업의 경영방식이 달라져야 한다는 반성이 일어나죠. 엔론의 8마리 원숭이들은 사다리에 올라 바나나를 따먹다가 혹독한 물 폭탄을 맞은 것이고, 그 여파로 MBA 과정의 지망생은 줄어들게 됩니다. 이때부터 기업윤리에 대한 문제가 일게 되고, 리먼 브라더스 사태 이후에는 갑자기 기억에도 없었던 애덤 스미스Adam Smith가 『국부론 The Wealth of Nations』 이전에 쓴 『도덕감정론The Theory of Moral Sentiments』이 부상하게 되지요.

성격은 좀 다르지만 이미 노이즈 이론에서 말했듯이 이 세상에는 범죄이거나 사회에 해악을 끼치면서도 끝없이 우리의 취약점을 보완, 발견하게 하고 계속해서 새로운 것, 더 나은 것을 지향하게 하는 잡음이 필요한 경우가 많지요. 하지만 외부의 변화처럼 이런 사고에 의한 변화에는 한계와 많은 리스크가 따릅니다.

리먼 브라더스Lehman Brothers Holdings Inc. 사태

미국 뉴욕에 본사를 두고 있던 대기업 투자 은행 리먼Lehman은 리먼 형제가 설립한 거대 규모의 증권 회사, 투자 은행이다. 2008년 도산하면서 세계 금융 위기 표면화의 발단이 되었고 세계경제에 큰 영향을 주었다. 리먼 브라더스의 도산에 영향을 준 것은 서브프라임 모기지 사태였다. 간단히 설명하자면 어떤 사람이 자신의 돈 1억 원과 은행에서 대출받은 돈 2억 원을 합쳐 구입한 3억짜리 집이 불과 몇 달 사이에 5,000만 원으로 떨어졌다고 생각하면 된다. 집을 팔아도 대출을 갚을 수 없는 사람은 길거리에 나앉게 되었다. 이런 사람이 미국에 부지기수였다. 이 때문에 많은 개인들이 파산하게 되고, 더불어 국가적인 경제 위기가 찾아왔다. 결국 리먼 브라더스가 도산하게 되고 세계경제에도 큰 위기가 찾아온 것이다.

아웃사이더, 고정관념 뛰어넘기

자, 이제 또 다른 유형의 원숭이를 떠올려볼까. 물론 이 원숭이에게도 바나나를 따려는 이유가 있어야 하죠. 단 식탐처럼 단순히 본능적인 욕구가 아니라 다른 차원의 욕구를 지녀야 해요. 바로, 바나나가 'Needs'가 아닌 'Want'의 대상이어야 한다는 겁니다.

'Needs'와 'Want', 우리말로 옮기면 '필요로 하는 것'과 '원하다' 정도가 되겠네요. 이 두 단어 모두 무언가를 원하고 열망하는 상태를 가리킵니다. 요컨대 '욕망'과 관계있는 것들이죠. 그런데 인간의 욕망은 그 대상의 용도나 가치에 따라 크게 둘로 나눌 수 있어요. 책상이 없어서 책상을 산다면 그것은 'Needs'지만, 그 책상의 디자인이 예쁘고 사랑스러워서 샀다면 그것은 'Want'에 속하는 겁니다. 즉 'Needs'는 물질적 충족이고, 'Want'는 정신적 충족이라고도 할 수 있죠.

식탐자와는 달리 배가 고픈 것이 아니라, 마음이 고파 그것을 채우려는 원숭이가 있다고 생각해봐요. 천장에 매달린 바나나에 대한 호기심을 갖게 되겠지요. 호기심은 창조적 상상력과 항상 같이 움직이니까요. '사다리를 타면 금세 딸 수 있는데 왜 아무도 시도하지 않는 거야?' 그러다 어느 날엔가 식탐 많은 녀석이 사다리에 올라서 물벼락이 내리는 경험을 했다고 칩시다. 다른 원숭이들은 불평하거나 그를 뜯어말리겠지만, 이 녀석은 좀 다르지 않겠어요? 즉 사다리와 바나나의 인과관계를 눈치챌 거란 뜻이죠. 그럼 이 원숭이는 새로운 제안을 할 수 있을 거예요. 사다리에 오르지 않고도 바나나를 따먹는 방법만 있으면, 우리는 원하는 것을 얻을 수 있을 거라고 말이죠. 말하자면 집단 내에서 자생적 변화가 일어나는 겁니다.

이단아는 이단아인데 아까의 식탐 많은 원숭이와는 다르죠. '아웃 로'라기보다 '아웃사이더Outsider'라고 할 수 있는, 창조적 상상력을 가진 자에 의한 변화입니다.

창조적 아이디어의 전제 조건

그런데 만약 이런 경우라면 어떻겠어요. 호기심은 많아도 방법론이나 기획력이 약한 원숭이라면 변화를 일으키기에 역부족이겠죠. 역시 행동하는 원숭이, 지혜를 짜내는 쿨한 원숭이가 있어야지요. 아마 그런 원숭이는 사다리에 달린 센서와 얼음물이 쏟아지는 천장 샤워 장치의 관계를 알아챌 겁니다. 그리고 사다리를 이용하지 않고 바나나를 딸 궁리를 하겠죠. 그래서 사육사가 우리 안으로 들어올 때 그의 어깨로 뛰어올라 기회를 만들 수도 있을 겁니다.

하지만 이것 역시 좋은 방법은 아닙니다. 사육사를 이용하는 것도 외부의 힘을 빌리는 것으로, 우리 안 원숭이의 뜻과는 전연 다른 결과를 초래할지 모르니까요. 인간사회로 치자면 사육사란 우리 안의 원숭이들의 운명을 조정하는 자, 생사여탈권을 쥔 절대자의 신神과 비슷하니 잘못하면 큰 벌을 받을 수도 있지요.

또 설득력이 강한 말 잘하는 원숭이를 이용해서 원숭이 전체를 설득하는 방법이 있겠지요. 민주적인 방식으로 컨센서스를 이끌어내는 법이죠. 사다리를 이용하지 않고 힘을 합쳐서 바나나를 따먹는 방법을 찾는 것이죠. 이를테면 팀워크입니다.

어쨌든 호기심 많은 원숭이는 첫 번째 식탐 많은 원숭이와는 분명 다릅니다. 왜인지 궁금해서 올라갔으니 물을 맞아도 불평하지 않을 것이고, 다른 원숭이들이 공격을 해도 오히려 그들의 힘을 이용하여 창조적인 해결책을 찾으려고 시도할 거예요.

이야기의 구성 요소, 육하원칙

여기까지 이야기했으니, 다음은 여러분들이 구체적으로 얼음물 샤워에 젖지 않고 바나나를 따먹는 이야기를 꾸며보면 어떨까. 여러분들이 제3세대 원숭이가 되는 겁니다. 우리 안의 상황에 변화를 몰고 올 수 있는 가능성을 이제 세부사항을 만들어 또 다른 원숭이 이야기의 모델로 제시하는 것입니다.

우선 '8마리 원숭이 이야기'를 분석해봅시다. 키플링Joseph Rudyard Kipling의 '5W1H' 곧 육하원칙을 완벽하게 갖추었다는 점을 알게 될 겁니다.

⊛ 선생님! 육하원칙은 신문사 기사 쓸 때 필요한 것 아닌가요? 이 경우에는 픽션인데요.

⊚ 아니야. 키플링은 시인 겸 소설가로, 그는 어린이를 위한 작품집 『바로 그런 이야기들Just So Stories: For Little Children』의 다섯 번째 이야기인 「코끼리의 아이들The Elephant's Child」에서 육하원칙을 충실한 도우미에 비유하고 있어. "나에게는 여섯 명의 정직한 하인이 있다네. 그들의 이름은 무엇, 왜, 언제, 왜, 어떻게, 어디서 그리고 누구라네!"

이 8마리 원숭이 역시 육하원칙으로 분석 가능합니다. "원숭이(Who)가 울 안에서(Where) 천장의 바나나(What)를 따먹으려고 사다리를 타고 오르다가(How) 그 순간(When) 물벼락을 맞았다. 그래서 그들은 다시는 사다리에 오르지 않게 되었다(Why)." 어때요, 거칠게나마 이 기본 줄거리가 5W1H의 조건을 완벽하게 충족시키죠.

여기서 'Who'는 인물 축을 이루는 '캐릭터Character'이고, 'Where'는 소설의 배경 설정이 되는 것으로서 공간 축을 이룹니다. 그리고 '어떻게'의 'How'와 'Why'의 동기 같은 것은 행위의 축이 돼요. 소설을 구성하고 사건의 인과관계를 꿰는 '플롯Plot', 이를테면 '구슬 꿰기'가 되는 것이죠. 플롯을 이루는 각 요소를 교체하고 달리 조합하면 새로운 이야기들을 얼마든지 만들어낼 수 있습니다.

키플링의 육하원칙과 도서 정보

"I Keep six honest serving-men. Their names are what and why and when and how and where and who!"

이 6명의 정직한 하인은 주인에게 불평하지 않고 늘 봉사할 따름이다. 충직하고 믿음직스러운 더없이 훌륭한 부하들로, 사람이 어떤 것을 인식하거나 사건을 접했을 때 이 같은 육하원칙을 활용하면 응용과 활용을 자유자재로 할 수 있어 마치 백만 군대보다 더 든든한 힘이 되어 준다는 의미다.

무엇을 할 것인가를 확정하고 왜 하는지 그 이유를 명확하게 정립해 '언제, 어디서, 누구를 통해 어떻게 처리할 것인가'를 정확히 계획에 따라 과정을 추적, 분석, 평가하면 정보를 효과적으로 활용할 수 있다. 또한 어떤 사실이나 사건을 인식하는 데 있어서도 이 같은 내용에 따라 파악하면 간결하고도 정확하게 이해할 수 있다.

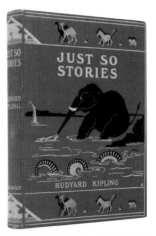

초판본의 표지 / 키플링이 직접 그린 삽화

WHO 주체　먼저 '누구Who'부터 시작합시다. 원숭이들이지요. 그런데 '왜 하필 원숭이인가.' 비교적 쉬운 질문이지요. 일단 인간이랑 제일 닮았으니까. 그 유명한 『서유기西遊記』의 손오공을 생각해봐요. 인간사회를 축약해서 모델화하는 데 원숭이처럼 좋은 캐릭터는 없지요. 한편 프랭클린 J. 샤프너 Franklin J. Schaffner 감독의 〈혹성탈출The Planet Of The Apes〉에서는 단순한 인간의 비유가 아니라 인간과 대결하는 슈퍼 캐릭터로 등장해요.

그런데 본질적으로 이 8마리 원숭이에는 '손오공' 같은 이름이 없고 그냥 숫자로만 8마리라고 써 있어요. 그러니까 개성과 성격에 관한 내용이 없는 것이죠. 캐릭터는 원래 성격이라는 뜻인데, 이 성격이 획일화되어 있다는 겁니다. 등장하는 원숭이들은 여러 마리이지만, 똑같은 자극에 똑같이 반응하는 존재이므로 한 마리 원숭이라고 해도 무방해요.

여러분들이 새로운 이야기를 만들려면 아 8마리에 각기 다른 성격과 개성을 부여해야만 되겠죠. 이미 앞에서 암시했듯이 식탐하는 원숭이와 호기심 많은 상상력을 지닌 원숭이처럼 말이죠.

WHEN·WHERE 주체가 점하는 시공간　자, '누구' 곧 주체의 문제가 나왔으니, 이제 그 주체가 점하는 시공간을 언급해볼까. 바로 'When'과 'Where'의 요소를 살필 차례예요.

먼저 공간부터 말해봅시다. 이 이야기의 공간은 우리 안으로 한정되어 있어요. 그런데 우리 안은 일종의 감옥으로, 인위적인 환경이지요. 본래 원숭이들은 숲에서 살아가죠. 그렇다면 숲과 우리라는 두 공간을 대조해볼 수 있겠죠. 자연히 숲의 나무는 사다리와, 나무에 달린 바나나는 천장에 매달린 바나나와 짝지어 볼 수 있을 테고요. 또 때때로 내려와 숲을 적시는 빗줄기는 센서로 작동되는 샤워기의 물줄기도 대조할 수 있어요. 이처럼 공간에 대해서는 단지 공간 자체만이 아니라, 그 공간 속의 여러 요소를 다룰 수 있죠. 이 밖에도 원숭이가 하나의 집단으로 '조직'을 이룬다는 점 역시 공간 문제에 포함시킬 수 있어요.

그럼 '시간'은 어떠한가. 우선 실험실 안에 흐르는 시간을 떠올릴 수 있겠지요. 그 가운데 사건이 벌어지는 순간들이 있는 것이고요. '새 원숭이를 들여보낸다'거나 '물이 떨어진다'와 같이 어떤 일이 일어나는 순간, 곧 사건이 벌어지는 순간들이 그렇습니다. 무엇보다도 사건의 경과에 변화를 주는 1세대 원숭이 그리고 전부 교체된 2세대의 원숭이의 프로세스 Process가 시간 축으로 진행되죠. 요컨대 변화가 일어나는 부분이 바로 이 시간에 관한 요소들입니다.

한편 그 성격은 같이 공간에 속할지라도, '우리'는 시간에서 단절된 상황이고, '길'은 열린 공간으로서 시간의 흐름과 연결되어 있습니다.

WHAT 욕망의 대상 '무엇What'에 관해서는 이미 살펴봤어요. 바로 원숭이들이 욕망하는 대상Object인 '바나나'가 이 '무엇'의 요소죠. 그런데 욕망도 크게 둘로 나눌 수 있다고 했지요. 'Needs'와 'Want'로 말예요. 이 중 전자가 생존을 위한 본능적 욕구라면, 후자는 생존과는 직접 관련이 없는 인간적 바람이라고 했습니다. 단 이 두 개념은 고정적인 게 아니라, 환경이나 조건에 따라 얼마든지 바뀔 수 있다고도 했고요.

본래 원숭이들의 주식은 바나나로, 숲의 원숭이들에게 바나나는 생필품입니다. 하지만 주식으로 도토리가 주어지는 우리 안에서라면, 천장의 바나나는 갖고 싶거나 소유하고픈 대상으로 치환됩니다. 그러다 만약 도토리가 끊긴다면, 다시금 이 바나나는 생존을 위한 필수품이 되는 것이죠.

특히 이 이야기에서 재미난 점은 바나나가 천장에 달려 있다고 설정된 점이에요. 사람이란 다 위를 바라보며 꿈꾸고 바라잖아요? 이를 가리켜 '상승 지향적 욕망'이라고 하거든요. 땅바닥에 놓인 도토리 대신 천장에 매달린 바나나를 한없이 바라보는 원숭이들은 바로 이런 인간을 대변하는 것이죠.

HOW·WHY 수단과 동기 마지막으로 남은 두 항목은 수단과 동기입니다. 먼저 '방법How'이란 도구나 기기를 가리키니까, 이 이야기에선 '사다리'를 언급할 수 있겠네요. 그런데 흥미로운 점은 이 이야기의 사다리가 이중의 의미를 지닌다는 겁니다. 즉 바나나를 따먹는 수단일 뿐 아니라, 물벼락과 더불어 우리 안의 결속을 다지고 단결로 이끄는 수단이 되기도 하니까요. 말하자면 이 사다리는 존재하는 것만으로도 거기에 접근하거나 올라가는 행위를 금지하는, 규범에 관한 하나의 상징물이 될 수 있다는 거죠.

한편 원숭이들이 바나나를 탐하지 않는 '원인이나 이유, 혹은 동기Why' 역시 두 가지로 나눌 수 있어요. 처음엔 샤워기에서 물이 쏟아져서 집단 전체가 피해를 입었기 때문이지만, 세대가 흐르면서 그 원인은 단지 금기시하는 대상으로 변합니다.

특히 이 '동기'에 관해서는 미국의 심리철학자인 매슬로우 Abraham H. Maslow의 의견을 참고할 수 있어요. 매슬로우는 인간 욕망의 동기를 크게 5단계로 구분해놓았죠. 그것을 '욕망의 5단계Maslow's Hierarchy of Needs' 이론이라고 해요. 가장 낮은 단위부터 차례로 언급하자면, '생리적 욕구 – 안전의 욕구 – 소속과 사회적 욕구 – 존경의 욕구 – 자아실현의 욕구' 순이에요. 그렇다면 지금 원숭이들은 가장 낮은 두세 단계에 머물러 있는 것이겠죠. 그리고 이단아들은 매 순간 '자아실현의 욕구' 단계로 나아가려고 할 테죠. 앞서 말했어요. 'Needs'와 'Want' 차이 말예요. 매슬로우는 5단계의 욕망을 모두 'Needs'라고 불렀지만, 엄밀히 보자면 소속과 사회적 욕구부터는 'Want'라고 할 수 있어요. 그래서 이 5단계 위에 있는

매슬로우의 '욕망의 5단계' 피라미드

삶을 'New Life'라고 말하기도 하지요.

어때요, 단조로울 것 같은 육하원칙도 관점에 따라 다르게 해석될 요소가 곳곳에 숨어 있죠. 육하원칙은 마치 렌즈와 같아서 배율을 조정하는 대로 새로운 모습을 얼마든지 볼 수 있습니다. 무엇을 주류로 하느냐, 어디에 강조점을 주느냐에 따라서 완전히 다른 이야기를 만들 수 있다는 것이죠. 하나씩 바꿔도 되고 전부를 조정하는 일도 가능합니다. 물론 그러기 위해서는 먼저 상상력과 창조력을 깨워야 하겠지요.

힌트: 샤인의 경력 닻

자, 그럼 한 가지 조건이라도 바꾸어서 또 다른 얘기를 만들어볼까요. 어떤 요소를 바꿔서 색다른 이야기를 짤 수 있을까요. 나라면 가장 쉽게 '누구' 곧 캐릭터부터 바꾸겠어요. 좀 전에 거론했던 식탐 많은 원숭이라든가, 생각하는 원숭이가 따져보면 모두 이 캐릭터에 관한 부분이니까요.

그렇다면 원래의 8마리 원숭이와 다른 이야기를 쓰기 위해, 곧 우리 안의 변화를 주기 위해 개개의 원숭이에게 각기 다른 성격과 개성을 부여해야 되겠죠. 말하자면 집단의 획일적인 제복을 갈아입히는 겁니다. 무엇보다 다양성을 주자는 거예요. 그래야 우리 안에 변화가 일어나고 바나나를 따는 새로운 이야기가 전개될 테니까요.

또한 바나나는 금기의 과일이니까, 에덴동산의 선악과처럼 설정하면 어떨까요. 이 밖에 비련의 주인공들이 등장하는 이야기도 생각해볼 수 있을 거예요. 로미오와 줄리엣처럼 서로 사랑하는 원숭이들이 있었는데, 여주인공이 바나나가 너무 먹고 싶다기에 따주러 가는 경우는 어떤가요. 단 극단적인 결과를 몰고 오는 비극적인 이야기 말고 다들 행복해질 수 있는 방향으로 생각해봅시다.

마침 이 캐릭터와 관련해서 참고할 만한 것이 한 가지 있어요. 바로 조직심리학의 대가 에드가 샤인Edgar H. Schein의 이론이죠. 기업문화에 관한 고전적 저서를 여럿 남긴 샤인은 각 개인이 기업이라는 단체 안에서 각자의 캐릭터를 갖게 된다면서 이를 '커리어 앵커Career Anchor', 즉 '경력 닻'이라고 불렀어요.

'경력 닻 이론'은 원래 조직문화를 설명하려고 고안된 겁니다. 샤인은 조직에서 가장 중요한 요소가 구성원이라고 보았죠. 그러면서 구성원은 조직의 일원이기 이전에 개별적 자아로서, 조직과 상관없이 변하지 않는 자기 삶의 무게 중심을 가지고 있다고 생각했어요. 원숭이 이야기에 비유하자면 우리 안에 들어온 원숭이들은 원래 개별적 주체였고, 각기 다른 능력과 생각을 지닌 존재였을 거라는 뜻이죠.

이런 가정 하에, 샤인은 구성원들이 능력을 제대로 발휘하기 위해서는 자기 삶을 지탱하는 닻이 무엇인지를 알아야 한다고 생각했습니다. 그러면 자연히 집단 내의 문제도 해결된다고 보았죠. 단 이 경력 닻은 연역적으로 분류한 것이 아니라, 귀납적으로 직장인들을 만나 면담한 결과로 분류한 겁니다. 그런데 정말 우연이지만, 신기하게도 조사 추출한 결과로 나온 이 '경력 닻' 역시 8가지로 분류되었죠. 어쩌면! 우리가 지금부터 성격을 만들어줘야 할 원숭이 수와 꼭 같잖아요. 숫자가 이렇게 맞아떨어지니 안성맞춤이지요.

이 8가지 유형은 어느 집단에든 있다고 했으니 우리 가운데도 틀림없이 있겠지요. 이론이라고 너무 딱딱하게 생각하지 말고 일상에서 그 모형을 찾아봅시다.

먼저 '순수한 도전형'은 말 그대로 도전하기를 겁내지 않을 겁니다. 가령 산이 있으면 그 봉우리에서 내려다보는 광경이 궁금해서 오르게 되는 형이라 할 수 있지요. 새로운 맛이 항상 궁금해서 이런저런 소스를 서로 섞어보는 게 취미인 사람도 도전자죠. 누구는 음식 갖고 장난치지 말라지만, 그렇게 해서 마법의 소스를 발명해 회사를 차리면 '창조형 기업가'가 될 수도 있습니다.

또 밥 먹으러 가면 숟가락을 놓기도 전에 더치페이할 돈을 딱딱 계산해서 "얼마씩이야"라고 하는 사람도 있는데, 이런

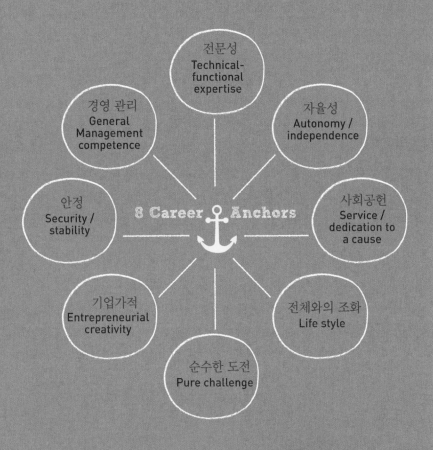

1. 전문성: 전문적 능력을 선호하는 타입 (Technical Functional Competence)

2. 경영 관리: 집단을 통솔하고 권한 행사를 선호하는 타입 (General Management Competence)

3. 안정: 일에 대한 만족감이나 고용 보장을 추구하며 회사에 헌신하는 타입 (Security / Stability)

4. 창업가적 창조성: 새로운 변화를 추구하는 타입 (Entrepreneurial Creativity)

5. 자율형: 조직의 룰에 얽매이지 않고 독자적 행동을 선호하는 타입 (Autonomy / independence)

6. 사회 공헌: 교육 등 가치를 추구하는 타입 (Service Dedication to a Cause)

7. 전체성과 조화: 개인적 욕망과 사회적 요망을 적절하게 조화시키는 타입 (Life style)

8. 순수한 도전: 어려운 일에 도전하려는 지력과 패기 (Pure challenge)

스타일은 '경영 관리형'이라고 보면 돼요. 아주 바쁜 점심 때 "다 짜장면으로 통일!"이라고 외치면 꼭 "난 짬뽕!"이라고 하는 사람이 '자율형'이고 말예요. 모두가 "예!"라고 할 때 "아니오!"라고 하는 사람도 바로 자율적인 인간이지요. 여기서 한 가지, 늘 다수가 선택하는 쪽에 서는 사람이 바로 '안정형'입니다. 또 새로 전학 온 친구가 있을 때 자발적으로 다가가서 음악실 위치며, 매점에서 가장 맛있는 메뉴며, 알려주는 친구가 있죠. 그가 바로 '사회 공헌형'입니다.

한편 전문형은 자기 재주나 관심 분야에 집중해서 주로 거기에 몰두하는 스타일을 뜻해요. 그래서 다소 사회성이 떨어지는 경우가 있기도 하고요. 반면에 이 둘을 잘 조화시키는 타입이 '조화형'입니다. 왜 같이 신나게 놀다가도 자신이 할 일이 생기면 양해를 구하고 그 일을 하러 가는 친구들 있잖아요. 바로 그런 경우를 넓게 이르는 말이지요.

어때요. 우리 안의 원숭이들이 다양한 특성을 지닌다면, 그 분포나 비중에 따라서 조직문화의 스토리텔링 역시 다양한 변화를 갖게 되겠지요. 샤인의 경력 닻 이론은 이후 기존의 패턴을 보충하고 용어를 변경하는 수정과 보완의 과정을 거쳤지만, 그 밑그림이 되는 8가지 기본 틀은 여전히 유효합니다.

이런 식으로 원숭이 한 마리 한 마리의 성격을 바꾸는 단계에서 더 나아가, 이 원숭이들 모두에게 각자 개성적인 캐릭터를 부여하면 어찌될까요. 틀림없이 새로운 일, 창조적 상황이 벌어지겠죠. 고유한 개성을 부여받은 원숭이들은 본래의 이야기처럼 고정관념이나 획일적인 가치에 그저 순응하지는 않을 테니까요.

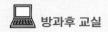

역사를 서술하는 법 :
투키디데스Thucydides와 헤로도토스Hero dotos

역사 기술의 방향에 있어, 투키디데스는 선대의 역사가이자 '역사의
아버지'로 불리는 헤로도토스와 구별된다.

헤로도토스는 세계 최초의 역사가이자 문학가다. 헤로도토스 이전 역
사는 서사시의 형태로 기록되었다. 가령 호메로스의 『일리아스』는 트
로이전쟁을 내용으로 하는 민족적 수난을 노래한 서사시인데, 그 후
서사시는 점차로 쇠퇴해가고 서정시, 극시劇詩가 일어나서 그 내용도
또 민족적이고 역사적인 데만 국한되지 않았다. 그런데 기원전 5세기
에 페르시아의 그리스 침입이라는 민족적 대사건이 일어난다. 헤로도
토스는 이 전쟁을 그 당시 세계를 배경으로 썼으며, 인간에 의해 이루
어진 위대한 일들을 사람들의 기억에 남겨두려고 했다. 이것은 『일리
아스』의 정신을 이어받은 것이라고 할 수 있다. 또 이 전쟁의 무대를
널리 답사해서 많은 지방의 자연, 풍토, 인정, 종교 같은 기록을 역사에
집어넣었는데, 이것은 『오디세이아』의 계승이다. 또한 오만무도한 자
는 반드시 신의 노여움을 사서 멸망한다는 사상을 나라와 개개인의 성
쇠에 비유하여 극적으로 서술했는데, 이는 그리스 비극의 영향이다.

그러나 헤로도토스는 단순한 문학가는 아니다. 그는 호메로스와는 달
리 신과 영웅에 대한 것뿐만 아니라, 현실 인간의 여러 사건을 취급하
면서 자기 스스로 친히 견문한 것을 가장 확실한 근거 자료로 삼으며,
간접적으로 얻은 지식은 그 진실성과 정확성에 비판을 가해서 사용했
다. 이 점이 바로 그가 역사의 시조로 일컬어져 온 이유다. 또 그는 시
인과는 문체도 달라서 산문을 사용했다.

다만 헤로도토스의 역사는 그리스 군에 의한 헤레스폰드의 세스토스

점령(B.C. 479)으로 그치고 있는데, 투키디데스는 이것을 이어받아 기록한다. 즉 이 시기부터 펠로폰네소스 전쟁 개시(B.C. 431)까지 50년간의 페리클레스 시대, 아테네의 융성기를 간단하게 기술한 후 스파르타 군의 아티카 침입을 기술한다. 투키디데스는 사가史家로서의 통찰력을 가지고, 이 사건이 종래의 어떠한 사건보다도 기억할 만큼 가치 있는 대사건으로 발전할 것을 알고 처음부터 상세하게 그 과정을 관찰했던 것이다. 더구나 그는 아테네로부터 추방되어 방랑하는 몸이 되었으므로, 가장 객관적으로 적과 아군과의 상황을 볼 수 있었다. 그는 헤로도토스와 같은 종교철학적 견지에 빠지지 않고, 역사를 모름지기 과학적으로 파악해 기술하려고 했는데, 이 점이 후세의 역사에 모범이 되고 있다. 그의 『역사』는 펠로폰네소스 전쟁의 완결(리산도로스에 의한 아테네 점령, B.C. 404)까지 가지 않고, 미완성인데 그 후의 사건은 크세노폰Xenophon, B.C. 430?~B.C. 355?의 『헬레니카Hellenika』에서 계승되었다.

분별

이름은 어떤 의미로는 그저 단순한 이름일 뿐이지만, 이것만으로도 변화가 일어납니다. 관계가 만들어지기 때문입니다. 한낱 돌멩이에게도 이름을 붙여주면 친구가 될 수 있습니다. 마치 어둠 속에서 그 이름을 부르면 보이지 않던 존재가 모습을 드러냅니다. 수의 세계에선 사람이든, 짐승이든, 돌멩이든 다 똑같습니다. 하나면 하나고, 둘이면 둘일 뿐입니다. 하지만 이름의 세계로 오면 완전히 달라집니다. 이 세상에서 하나밖에 없는 개성적인 존재가 됩니다.

'마리'에서 '명'으로

　가벼운 질문으로부터 다음 한 발짝을 내딛어봅시다. 자, '8 monkeys'를 우리말로 하면 뭐라 옮겨야 할까요. 다들 너무나 쉬운 문제라면서 자신 있게 답하겠지요. 당연히 '8마리 원숭이'라고들 말예요. 물론 맞는 대답입니다. 하지만 설마 그 대답을 기대하고 물었을까. 게다가 정확히 직역하면 '여덟 원숭이'라고 해야죠. 혹은 '팔 원숭이'라고 하던가요.

　그런데 여기서 눈에 띄는 점이 한 가지 들어옵니다. 우리말로 옮겼을 때 유독 추가된 부분이 있는 것이죠. 바로 원문엔 없는 '마리'라는 말이 추가됐어요. 영문에서는 그저 '여덟 원숭이' 혹은 '팔 원숭이'라고만 했는데 말예요. 사실 이런 숫자를 우리말로 옮길 때면 습관적으로 의존명사를 붙이게 됩니다. 비단 '마리'뿐이 아니죠. 사물이라면 '개'를, 식물에는 '포기'를 붙이잖아요. 사람의 경우도 마찬가지입니다. '1, 2, 3, 4……' 하는 식으로 나열해놓더라도 분위기상 사람을 가리킨다 싶으면 어김없이 '사람'이라던가 '명'을 붙이니까요.

　자, 그런데 가만 보니 '사람'과 '명'도 서로 다른 말이 아닌가요? 그렇다면 그 차이를 밝힐 수 있겠지요. 여러분들이 답을 한번 찾아보세요. 우선은 한글과 한자어의 차이를 짚어낼 수 있을 거예요. 그다음엔 그 한자어의 뜻을 생각해봅시다. '이름 명名'이라! 어때요, 눈치챘나요? 그래요. '사람'과 '명'의 차이란, 그저 사람인 것 그리고 이름이 있는 것 사이의 차이인 겁니다.

이름을 가진다는 것

$$夕 + 口 = 名$$

(저녁 석)　(입 구)

한자어 '名'은 '夕'(저녁 석) 자에다가 '口'(입 구) 자를 붙인 모양이지요. 왜 하필 저녁과 입을 붙여놓은 것일까. 또다시 궁금증이 떠오르네요. 그 실마리는 글자 자체에 있습니다. '저녁'과 '입'을 나란히 놓고 생각해봐요. 저녁이 되고 어둠이 내리면 사람 얼굴이 보이지 않잖아요. 대낮이라면 손짓이나 눈짓으로 부를 수 있지만, 밤에는 어두컴컴하니 몸으로 누구를 가리키는 일이 불가능하고요. 오직 소리를 내서 그 사람을 부를 수밖에 없습니다. 이렇게 저녁 때 그 사람을 지칭해서 입으로 내는 소리가 '이름'인 거죠. 어때요, 대단히 재미난 글자죠.

더불어 이름은 누가 먼저 부르는가. 바로 가족 사이에서 가장 먼저 부릅니다. 또 성姓으로 불러서는 가족 전체를 가리키는 셈이라 특정인을 지칭할 수 없겠죠. 그래서 우선은 가족들의 이름이 서로 달라야 합니다. 그래야 한 사람 한 사람 식별할 수 있어요.

그런데 참 묘한 것은, 앞서 언급했듯이 우리가 사람을 가리킬 때도 이 '명' 자를 붙인다는 겁니다. '1, 2, 3, 4'라고 해도 그저 수로만 세는 것이 아니라 꼭 '명' 자를 붙이거든요. 말하자면 그 숫자만큼의 이름이 있다는 뜻이죠. 대신 짐승이라면 머릿수를 세요. '한 마리, 두 마리, 세 마리'라고 할 때 이 '마리'라는 것이 곧 '머리'라는 의미지요. 여기에 재미난 사실 하나를 더 곁들이면, 서양에서는 나비를 셀 때도 이 '머리'라는 용어를 사용한다고 해요. 그래서 '1 head, 2 heads'라고 표현한답니다. 이유는 알 수 없지만 참 특이한 예죠.

사람을 명名 곧 이름으로 센다는 건 무슨 의미인가. 바로, 개인을 은연중에 인정하는 뜻이 아닐까요. 말하자면 '퍼슨Person'에서 '페르소나'로 인식의 범주가 확대된다는 거예요. 이름이란 그저 한 개체를 부르는 고유명사가 아니라 그 개성

페르소나Person
'페르소나'는 칼 구스타프 융의 개념으로, 그리스 어원의 '가면'을 나타내는 말이다. 융은 교육과 사회적 질서 속에서 형성된 인간의 외부 측면을 페르소나라고 불렀다. 가면은 즉 사회화된 인격을 의미한다. 인간의 본래적인 내면적 자아와 이 페르소나와의 갈등과 일치는 융 이후 문학과 예술, 영화의 주요한 주제가 되었다..

과 인격, 더 나아가 그만의 이야기를 상상하게 만드는 중요한 수단이니까 말예요.

그래서 아이가 태어나면 온 가족이 나서서 좋은 이름을 짓기 위해 애씁니다. 때로는 유명한 작명가를 찾아가기도 하고, 종일 사전을 뒤지면서 빛나는 이름을 찾아내기 위해 노력하지요. 그렇게 함으로써 아이가 좋은 이야기, 좋은 인생을 살 수 있도록 축원하는 겁니다. 예로부터 사람들 사이에선 좋은 이름이 좋은 삶을 이끌어온다는 믿음이 있었지요.

그런데 이 점은 작가들도 마찬가지예요. 자기 작품 속 캐릭터에게 잘 어울리는 이름을 붙이려고 애쓴 일화들을 보면 이름의 중요성을 재확인할 수 있거든요. 작품에서는 이름이 그 인물의 개성과 운명을 입체화하는 주요 수단이기에 그런 거죠. 특히 예전에는 이름만으로 그 인물의 운명이 보이게끔 하는 것이 필수였던 시절도 있어서 네이밍Naming이 대단히 중요한 작업이었습니다.

프랑스의 작가 귀스타브 플로베르Gustave Flaubert도 자기 이야기의 주인공에게 꼭 맞는 이름을 지어주려고 골몰했죠. 어느 날 신문 기사에서 한 불우한 여인의 사연을 읽은 플로베르는 이 이야기를 소재 삼아 소설을 쓰기로 결심했어요. 그런데 한참 써내려가던 중 한 가지 고민이 생겼습니다. 바로 그 여자 주인공의 이름을 짓는 데 어려움을 겪었던 거죠. 책상머리에서 도저히 아이디어를 찾지 못한 플로베르는 힌트를 얻기 위해 시내를 부지런히 돌아다녔습니다. 그러고는 마침내 파리의 어느 작은 가게 간판에서 '보바리Bovary'라는 이름을 찾아냈다고 해요. 어때요, 『마담 보바리Madame Bovary』의 탄생에 이런 뒷얘기가 있다니 참 흥미롭지요.

세미오시스, 관계를 만들다

이름은 이처럼 꼭 사람에게만 붙이는 것은 아닙니다. 인격을 형상화할 수 있는 허구적 인물은 물론, 당연히 짐승들에게도 이름을 붙일 수 있어요. '한 마리 두 마리, 한 사람 두 사람' 할 때는 별다른 의미를 찾을 수 없지만, 이름을 붙이면 이야기가 생겨납니다. 가령 『생각의 축제』에서 보았던 '미키마우스'도 그렇지요. 수많은 쥐 가운데 한 마리에게 '미키Mickey'라는 이름을 붙이자, 찬란한 판타지의 세계가 펼쳐졌잖아요. 아기 강아지가 태어났을 때, 눈도 못 뜨는 그 어린 짐승에게 제일 먼저 이름부터 붙이는 것도 다 이런 이유지요.

그저 단순한 이름이지만, 이것만으로도 변화가 일어납니다. 말하자면 관계가 만들어지는 거예요. 한낱 돌멩이에게도 이름을 붙여주면 친구가 될 수 있습니다. 마치 어둠 속에서 그 이름을 부르면 보이지 않던 존재가 모습을 드러내듯 말이지요.

⊛ 선생님, 김춘수 시인의 「꽃」이 생각나네요.

◉ 그렇지. 누군가 읊어볼까.

⊛ 저요! 제가 아는 부분만 조금 해볼게요.

"내가 그의 이름을 불러주기 전에는

그는 다만

하나의 몸짓에 지나지 않았다

내가 그의 이름을 불러주었을 때

그는 나에게로 와서

꽃이 되었다."

수數의 세계에선 사람이든, 짐승이든, 돌멩이든 다 똑같아
요. 하나면 하나고, 둘이면 둘일 뿐입니다. 하지만 이름의 세
계로 오면 완전히 달라집니다. 이 세상에서 하나밖에 없는 개
성적 존재가 되는 거예요. 어때요, 이만하면 숫자로 부르는
것과 이름으로 부르는 것 사이에 얼마나 큰 차이가 있는지
짐작할 수 있겠죠.

그런데 수數와 이름이라, 무언가 떠오르지 않나요. 그래요.
첫 허들에서 살폈던 피시스와 세미오시스의 차이, 과학과 이
야기의 차이를 여기서 또 한 번 확인할 수 있는 겁니다.

이름을 빼앗긴 원숭이들

서로의 이름을 부르면 관계와 이야기가 생겨난다고 했는데, 8마리 원숭이 이야기에선 이 관계란 것이 참 보잘것없었습니다. 선배와 후배, 동료들이 친근하게 지내는 모습을 전혀 기대할 수 없었어요. 원숭이들은 그저 획일적으로 생각하고 행동했지요. 마치 감옥에 갇힌 죄수들처럼, 그들에겐 이름도 의지도 없었던 거예요. 느닷없이 감옥이라니, 살벌한 예라고 하겠지만 실상 우리 안 원숭이들과 죄수들은 정말로 많이 닮았습니다.

감옥에서는 수감자들의 머리를 깎고 죄수복을 입힙니다. 또 본명을 박탈하고는 대신 번호를 붙이죠. 감옥에 들어가기 전까지는 '이 아무개, 김 아무개, 박 아무개'로 불리던 이들이 감옥 문을 들어서는 순간 '301번, 607번'이 되는 거예요. 말하자면 각자의 모든 개성을 몰수하고 감옥 안의 규칙, 생활, 시간에 맞추어 획일화되도록 강제적으로 조정하는 거죠. 말할 것도 없이, 쉽게 통제하기 위해서지요. 감옥의 목적이란 교화와 통제에 있으니까요.

맨 처음 우리가 읽었던 원숭이 이야기가 바로 이랬습니다. 원래 숲에서 살아가야 할 원숭이들이 실험실 우리 안에 갇혀버렸죠. 이름도 특색도 없이 그저 '원숭이'라는 종種으로 분류되어서 말이죠. 그러곤 실험자들이 원할 때마다 한 마리씩 교체되었어요. 이뿐만이 아닙니다. 원숭이들은 이중의 통제 상황에 놓여 있었죠. 외부로부터 주어진 통제적 환경에 더해, 그들 스스로 내부적 통제수단을 또 하나 만들었어요. 즉 금기를 세운 겁니다. 자기들에게 사다리를 탈 수 있는 능력, 더 맛있는 바나나를 딸 능력이 있다는 걸 알고 있지만, 해서는 안되기에 안 한다는 식이었어요. 집단의 금기를 획일적으로 받아들여 순응했습니다.

언뜻 답답하다고 생각할 수도 있겠지만, 역사적으로 보면 이런 일이 빈번했어요. 개인의 욕망은 늘 다수에 의해 억압받아왔던 것이죠. 개인이 전체에 맞서 일탈해보아도 전체주의의 승리로 귀결되는 일이 흔했어요. 그것이 윤리적으로 옳은가 그른가, 개인의 일탈이 가치 있는 것인가의 여부와는 상관없이 수치상으로 보면 개인보다는 전체의 승리가 훨씬 빈번했다는 뜻입니다.

이 원숭이들도 바로 그렇지요. 집단과 세대에 대한 개인(주의)의 소멸이라고 할까. 선배 원숭이나 후배 원숭이 모두가 똑같은 결과에 이른 것은 사람들이 그 편을 택했기 때문이죠. 정말로 실험 결과가 그랬던 것이 아니라, 지금까지 경험을 토대로 해서 그 편을 택하는 편이 자연스럽다고 여겼다는 겁니다. 이처럼 8마리 원숭이 이야기는 단지 하나의 실험담이나 우화만이 아니라, 인류의 역사를 집약한 중요한 예화로 볼 수 있지요.

하지만 획일화된 채 변화 없는 세계, 정지한 세계는 고요한 것이 아니라 침체된 겁니다. 다툼이 없다고 해서 평화롭다고 할 순 없지. 단지 아무 일도 일어나지 않았을 뿐이에요. 마치 죽은 늪처럼 말이죠. 그런데도 사람들은 이런 상태를 당연하다고 선택하거나 아무렇지 않게 넘긴다니, 그저 지나칠 문제가 아니에요. 우리는 이 이름 없는 세계에 이름을 돌려주어야 해요.

⊛ 선생님 말씀을 듣고 보니 이름이 중요성이 새삼 크게 다가오네요.

⊙ 그럼요. 이름을 가진다는 것, 성격을 부여받는다는 건 그저 다양성을 구현하는 데 그치는 것이 아니니까. 그건 우리 사는 세상과도 긴밀히 연결되어 있는 문제지요.

⊛ 이젠 저희가 이야기를 지어볼 수 있을 것 같아요. 샤인의 힌트도 있으니, 처음처럼 그리 막막하지만은 않고요.

이야기 모델 : 바나나 따기

⊛ 자, 드디어 저희가 만든 이야기를 소개하겠습니다. 그 제목은 "원숭이, 금기의 바나나를 따다!"

우선 샤인의 경력 닻을 이용해서 8마리 원숭이에게 이름을 지어줍니다. 성격을 부여하는 것만으로 우리 안의 멍청한 원숭이들이 움직이기 시작했어요. 저희는 『생각의 축제』에서 '8'이라는 숫자의 특성과 상징성을 배웠어요. 또 생쥐 한 마리에 '미키'라는 이름을 달아주자 디즈니의 현란한 만화가 자아내는 갖가지 이야기가 창조되는 과정도 보았지요. 이러한 바탕 위에, 방금 배운 샤인의 경력 닻에 대한 이론을 적용했습니다.

그럼 저희의 새 원숭이 이야기를 발표하겠습니다. 먼저 이름 짓기입니다.

분별

8마리
원숭이를
소개합니다

도전이

성질이 급하고 두려워하는
것이 없어서 일단 손과
발이 먼저 움직이는
행동파 원숭이

전반 관리형(GM)
경영이

언제나 한 발 물러서서
사정을 따져보고,
커뮤니케이션을 통해
의견을 모으는 원숭이

안전 보장형(SE)
안정이

어디서든 안전 제일을
추구하는, 체제
유지적인 성향이 강한
원숭이

기업가 창조형(EC)
창돌이

창의성이 뛰어나며
새로운 일을 꾸미고
벌이는 데 선수인
원숭이

자율 독립형(AU)
자율이

대세를 따르기를 꺼려
하며 누군가의 간섭과
명령을 싫어하는 개성
강한 원숭이

봉사 사회 공헌형(SV)
공헌이

늘 양보하고, 모두에게
좋은 일이라면 언제나
솔선수범하는 희생정신
강한 원숭이

생활 조화형(LS)
조정이

전체의 의견을 존중하는
한편 자신의 가치관이나
생활 방식을 고수하려는
원숭이

전문 직능형(TF)
뽐냄이

출중한 능력 때문에 다른
원숭이들의 부러움을 받지만,
자기 재주를 너무 앞세우는
경향이 있어 원성을 사곤 하는
원숭이

분별

여느 때처럼 실험용 울타리 안에서 도토리를 주워 먹고서 누워 빈둥거리던 창돌이의 눈에 샛노란 바나나 다발이 유혹하듯 흔들리고 있었다. 처음엔 얼른 눈을 피했지만 그날따라 바나나 냄새는 더욱 향긋했다. 약 올리듯 놓인 사다리도 여전했다. 그러자 문득 궁금해졌다.

'왜 우리는 바나나를 보고만 있는 거지? 왜 아무도 시도하지 않는 걸까?'

생각해보니 아무도 설명해준 적이 없었다. 그저 사다리에 가까이 가기만 해도 모두 깜짝 놀라 손사래를 치기 바빴다. 성질 급한 녀석들은 주먹부터 올라왔다. 두려워하는 것 같았지만, 아무도 무엇 때문에 그런지 이야기해준 사람은 없었다. 어떤 원숭이들은 아예 바나나가 없는 듯 무관심한 태도를 보였고, 안정이나 조정이는 사다리에 기도를 하거나 모양이 예쁜 도토리를 골라 두었다가 바치기도 했다.

사다리를 잘 모셔야 우리 모두를 보호해준다나 뭐라나 하면서 말이다. 무사태평을 기원하기도 하고, 때로는 자기만의 소원을 빌기도 하는 모양이었다. 바나나가 저절로 뚝 떨어지기를 빌기도 했을까. 하지만 창돌이는 그저 혼자서 생각만 할 뿐이었다. 이런저런 생각을 하던 창돌이는 한숨을 쉬며 중얼거렸다.

"대체 저 바나나가 뭐길래?"

창돌이 옆에 누워 있던 도전이의 눈이 갑자기 빛났다.

"그래, 저 바나나가 뭔데."

창돌이의 "뭐길래"가 "뭔데"로 바뀐다.

"먹으면 도토리와 다를 게 없는 거잖아." 권위를 못 참는 도전이의 목소리가 커진다.

이번에는 안정이가 주위를 살피며 낮은 목소리로 말했다.

"야, 그런 소리 마. 그러다간 도토리도 못 먹어."

"그래. 너나 도토리 실컷 먹고 배 터져 죽어라."

음성이 커지자 어느새 경영이와 조정이가 달려왔다.

"왜, 뭣 땜에 또 도토리 싸움이야. 공평하게 나눠줬잖아."

창돌이가 도전이에게 눈짓을 하고 시치미를 뗀다.

"사다리에나 가봐. 공헌이가 저 먹을 도토리 갖다놓고 고사지내고 있잖아. 쟤 저러다 굶어죽는다."

경영이와 조정이가 그 말을 듣고 사다리로 달려간다. 등잔 밑이 어둡다고 늘 사다리만 지키던 경영이가 바로 사다리 밑으로 간 것이다.

"때가 왔다. 바로 이때다." 불현듯 도전이가 "내 이 한 몸 희생하지!"라고 말하고는 사다리를 향해 돌진했다. 식곤증에 자울거리던 원숭이들은 졸고 있었고, 다른 때 같았으면 벌써 막아섰을 경영이는 공헌이와 이야기하느라 정신이 없었다. 재빨리 사다리에 올라탄 도전이는 순식간에 사다리 끝까지 올라갔다. 그런데 바나나에 손을 뻗으려는 순간, 천장에서 차디찬 얼음물이 폭포수처럼 쏟아진다. 순식간에 도전이는 균형을 잃고 사다리 아래로 굴러떨어지고 말았다.

난데없는 물벼락에 우리는 아수라장이 됐다. 물에 흠뻑 젖어 덜덜 떨던 원숭이들은 도전이에게 욕을 퍼붓고는 마른자리를 찾아 털 말릴 궁리를 한다. 볼품없게 나동그라진 도전이의 얼굴은 일그러졌지만 입가에는 야릇한 미소가 떠돈다. 달려온 창돌이에게 도전이는 속삭이듯 그러나 아주 힘차게 말했다.

"봤지, 바로 이거였어. 천장에서 찬물이 쏟아져서 그랬던 거야!"

창돌이와 도전이는 따지러 온 경영이를 말리면서 한번 생각해보자고 했다. 어떤 모임에도 잘 끼지 않던 자율이도 달려왔다. 사실 경영이가 제일 껄끄러워하는 것이 바로 자율이었다. 그리고 잘난 체하지만 늘 전문 지식으로 주위를 놀라게 하는 뽐냄이도 불렀다.

"도전이 때문에 비밀을 알아냈잖아."

모든 일에는 늘 경영이가 주도해왔는데, 이번에는 창돌이가 앞장을 섰다.

"사다리에 올라가면 천장에서 물이 쏟아졌던 거지. 그래서 우리 원숭이들은 바나나를 피해왔던 것뿐이야."

"창돌이 말이 맞다. 저런 것을 리스크risk라고 하는 건데."

이번에도 뽐냄이는 어려운 전문용어를 빼놓지 않았다.

"전문 지식이 없으니 리스크를 줄일 스터디를 하지 못했던 거야. 그러니 로우 리스크Low risk를 선택해서 땅바닥 도토리만 주워 먹었던 거지."

"너는 알구." 겨우 살아난 도전이가 뽐냄이에 핀잔을 준다.

"좋다. 알았으니 바나나를 따먹자." 몇 원숭이들이 군침을 흘리며 외쳤다.

"안 돼! 옛말에 올라가지 못할 나무는 쳐다보지도 말랬잖아." 안정이가 말하자 손뼉을 치는 원숭이도 있었지만, "저건 나무가 아니야. 사다리라구" 하면서 놀리는 원숭이도 있었다.

이제 원숭이들은 완전히 두 파로 갈렸다. 일명 '창돌이파와 경영이파.' 그렇담 조정이가 나설 차례다. 줏대는 없지만 조정이는 둘로 나뉘면 늘 가운데 낀다.

"둘 다 한 발짝씩 물러나서 생각해봐. 도전이는 다시 사다리에 올라가지 않겠다고 맹세해. 그리고 경영이는 창돌이 말대로 무슨 방법이 있는지 어서 회의를 열어 의견을 들어보는 게 좋겠어."

"회의가 아니라 바나나 따는 워크숍을 여는 거지."

뽐냄이는 여전히 어려운 말 쓰기를 좋아했지만 이번만큼은 협조적이었다.

창돌이가 프레젠테이션을 맡고, 조직을 위해 늘 애쓰는 공헌이에게 원숭이 모으는 일을 부탁했다. 그리고 무엇보다 경영이를 설득하는 데 온 힘을 기울였다.

공헌이는 공공의 이익을 중요하게 생각하는 만큼 딴 바나나를 모두 함께 나눌 수 있다는 것만으로 기꺼이 자기 몫의 일을 하겠다는 태도였다. 친구들을 설득하는 문제도 특유의 친화력과 봉사정신으로 잘해내고 있었다. 원래 도전이는 무조건 일을 저지르고 보는 스타일이라 원숭이 무리에게 인기가 없다. 하지만 그동안 터부로만 여기고 아무도 문제 제기하지 않은 일을 해냈다는 이유로, 이젠 영웅 대접을 받으며 모든 일에 협조적이 되었다.

경영이는 사다리가 문제인 만큼 이를 대신할 새로운 방법이 없을지 궁리하는 모양이고, 자율이도 독특한 아이디어를 짜내기 위해 원숭이들 주변을 어른거리며 한몫 끼려고 한다. 안정이는 바나나를 따는 모험이 이제까지 자신의 안전제일주의에 위협이 된다고 생각했지만, 그럴수록 안전한 방법을 찾아내야 한다고 열심히 회의에 참가했다.

평소에 긴 팔과 점프력을 과시하던 뽐냄이는 어떻게든 바나나 프로젝트에서 자신의 능력을 보여줘야 한다고 벌써부터 연습에 여념이 없다.

드디어 회의인지 워크숍인지 원숭이들이 전부 한자리에 모였다. 바나나 프로젝트에 대한 의견 교환과 그 방법을 토의하기 위해서다. 평소에는 털도 제대로 고르지 않던 창돌이가 겉치레까지 하고는 친구들 앞에 나섰다.

"여러분, 되풀이는 죽음입니다. 살아 있다는 것은 늘 새로운 것을 사랑하고 추구하는 도전 정신입니다. (창돌이는 은근히 도전이 편을 든다. 그리고 이번에는 조금 시무룩한 경영이 쪽을 보면서) 우린 영문도 모르고 바나나를 목전에 두고도 늘 도토리만 먹어왔지요. 어제도 도토리 오늘도 도토리 내일도 도토리." 그러자 원숭이들은 신나서 도토리 삼박자의 박수를 치며 구호를 외쳤다.

"어제도 도토리 오늘도 도토리." 도전이가 감을 잡고 외쳤다. "왜 사다리에 올라가면 안 됩니까. 누가 정한 법입니까."

뽐냄이가 또 토를 달았다. "그런 건 법이 아니라 도그마라고 하는 거야." 혼잣말처럼 낮은 목소리로 대꾸한다.

창돌이가 박수치고 도토리 구호를 외치는 원숭이들을 제지하면서 연설을 계속했다.

"이유도 모르고 우리는 사다리를 성역화했습니다. 서로 감시하고 때로는 폭력까지 썼습니다. 아니죠. 누가 뭐라고 하지 않아도 그 근처에 가는 것을 두려워했습니다. 너무 오랫동안 그래왔기 때문에 두려움은 경배로 변하여 사다리에 갇혀버린 겁니다. 며칠 전 도전이는 과감하게 사다리에 올라갔습니다. 비록 우리가 지키던 규칙을 어긴 거지만, 그 덕분에 우리는 왜 사다리에 올라가면 안 되는지 그 진상을 알게 되었습니다. 문제의 원인을 알게 되었으니 이걸 해결하면 우리는 '바나나 따기'라는 공동의 목표를 이룰 수 있습니다."

도그마 Dogma
본래 종교적 의미에서 교의, 교조, 교리 등을 지칭하는 말이다. '독단'이라고 번역하기도 한다. 일반적으로는 맹목적으로 신봉되는 명제를 지칭하는 말이다. 계급적 이해관계로 만들어진 '지배계급의 허위의식'인 이데올로기는 종종 도그마가 되어 모든 전체주의와 독재의 바탕이 되기도 한다.

여기까지 이야기를 하자 성질 급한 뽐냄이와 자율이가 나섰다.

"그래서 여럿이 모여 어쩌자는 거야? 내 이 긴 팔 점프력으로 사다리에 오르지 않고도 혼자서 저 바나나를 딸 수 있어!"

뽐냄이가 말하자 자율이도 한마디 했다.

"동감이다. 집단행동은 우중愚衆들이나 하는 일이야. 각자 방도를 생각해서 해결하자고. 따는 놈이 임자지."

"야야, 무슨 소리야. 저마다 오르려다 물벼락은 누가 맞는데. 그리고 바닥이 물바다가 되면 도토리는 썩고 사육사들에게 벌받겠지. 공동체를 해치는 일은 공동체의 기율로 막아야 해."

안정이가 걱정스러운 얼굴로 이야기하자 자기 생활 리듬이 깨질까 봐 걱정이었던 조정이가 고개를 끄덕였다. 경영이는 좀 더 적극적이었다.

"맞다. 개인행동은 엄금한다. 물벼락 안 맞고 사다리에 오를 방법이 있다면 몰라도 그건 도전이가 시도했다 실패한 것이니까 새 방법을 생각해보자. 자, 요즘 집단지라는 말 들어봤어? 스마트 맵Smart map이라는 말도 유행하고 있어. 우린 옛날의 그 우중이 아니니까. 자율이, 혼자서만 생각하지 말고 아이디어 있으면 이런 때 내놔봐."

자율이는 '이 녀석이 나한테 명령을 내리려는 건가' 조금 기분이 나빠져 자리를 떴다. 그러자 창돌이가 회의를 진행한다.

"자율이를 기분 상하게 했지만 역시 혼자 힘으로는 어렵지. 지금까지 사다리와 바나나를 관리해온 경영이의 기획을 들어

보자.”

“역시 새로운 변화와 방법을 찾으려면 혁명이 아니라 가이젠
이다. 구舊조직을 이용하는 거다.” 창돌이가 도전이에게 한 말
이다.

“우리가 합심하면 물벼락 맞지 않고서도 바나나를 딸 수 있어.
저 사다리를 이용하지 않고 다른 방법을 쓴다면.” 공헌이가 거
들었다. “나보고 사다리가 되라고 하면 어떤 고통이 있어도 내
가 나서겠다고.”

뽐냄이가 말했다. “야, 너 키가 몇 센티인데? 지금 저 높이를
계산해봐. 적어도 말야.”

그때 창돌이가 “유레카!”라고 소리쳤다.

“자, 우리가 스스로 사다리가 되는 거야. 피라미드를 만들어
사다리 기능을 하는 구조를 만들면 돼.”

“공헌이가 공헌을 한다. 맨 밑에 내가 깔리면 되는 거지.” 이
말에 모든 원숭이들이 웃음을 터뜨렸다. 이 웃음이 그들을 경쟁
에서 협력으로 개인에서 집단으로 암묵의 변화를 만들어냈다.

가이젠改善
1990년대 초 일본 도요타 자동차가 비용절감을 위해 내세운 대표적인 혁신
운동이다. 생산라인과 작업환경 등을 총괄적으로 개선했다. ‘개선’이라는 단어
의 일본어 발음인 ‘가이젠’이 하나의 단어로 정착될 정도로 유명한 방식이다.
대표적으로 재고를 줄이고 공급부품을 단순화해 효율을 높이는 적시 생산 시
스템이 있다.

"그래. 그럼 공헌이가 제일 밑에 엎드리는 거야. 그다음은?"

도전이가 손을 들었다. 그러자 뽐냄이가 재빨리 결론을 유도했다.

"그렇게 하나하나 쌓아가는 거야. 그런 다음에 맨 마지막에 팔이 가장 긴 본인이 올라가는 거지. 팔을 길게 뻗어 바나나를 따면 상황 끝!"

모두의 입에서 탄성이 나왔다. 그렇게만 하면 금세 바나나를 딸 수 있을 것 같았다.

원숭이들은 다시 박수를 치며 구호를 외쳤다.

"어제도 도토리, 오늘도 도토리, 내일은 아니다, 도토리가 아니다, 바나나, 바나나, 바나나!" 연신 바나나를 연호하면서 회의 아니 워크숍은 해피엔딩. 그들은 우연히 외친 구호지만 그것을 '바나나 혁명가革命歌'라고 불렀다.

그러나 자율이만은 바나나 프로젝트에 끼는 것을 망설였다. 바나나는 결국 황금이라는 것이다. 색깔도 다발도 그것은 황금 덩어리를 상징한다고 했다. 이제 바나나 맛을 알면 모두 미치게 될 것이다. 그는 무리에서 떨어진 구석에 앉아서 바나나를 외면한 채 아직도 물이 마르지 않은 바닥을 본다.

새 바나나가 매달린 지 이틀째, 슈거스팟Sugar spot이라고 하는 검은 반점이 하나씩 돋아나고 있으니 지금이 적기다. 더 시간이 지나면 바나나가 상해버릴 것이다. 기획부터 조직까지 관리 일을 해온 경영이가 친구들을 불러 모았다.

가장 덩치가 큰 공헌이가 자진해서 바닥에 엎드렸다. 그 위에 도전이가 올라갔다. 몸은 약했지만 강단이 있어 잘 견딜 것이다. 다음은 조정이, 그다음은 '원숭이 사다리 만들기'라는 새로운 방법을 생각해낸 창돌이가 올라갔다. 마지막으로 길고 유연한 팔을 가진 뽐냄이가 무등을 타고 올라갔다. 자율이만이 시키는 대로 하지 않고 사육사가 올지 모른다고 바깥 망을 보는 것으로 자기 역할을 정했다.

뽐냄이의 손이 번쩍 올라가 바나나에 닿았다. 이 모든 과정을 조직하고 지휘한 창돌이는 침을 꼴깍 삼켰다. 주변을 경계하느라 울타리 주위를 돌던 자율이도 잠깐 멈춰 서서 뽐냄이의 손끝만 바라보았다.

드디어! 뽐냄이의 손이 바나나를 따냈다. 물이 쏟아지지도, 예상치 못한 일이 일어나지도 않았다. 환호성과 함께 혁명인지 가이젠인지 바나나의 연호 합창이 터져 나온다. 뽐냄이는 여전히 긴 팔에 바나나를 들고 올림픽 수상대에 올라간 금메달리스트처럼 바나나를 앞니로 살짝 물고는 손을 흔들어댄다. 모두 기뻐하며 원숭이들이 만세를 부르는 바람에 피라미드가 무너지고 뽐냄이는 곤두박질을 하며 추락한다. 비명을 지르면서도 여전히 자부심을 잃지 않았다.

"야, 역시 너희들은 바보야. 바보들이라구."

5

의문

추사 김정희 선생이 제주도로 귀양 갔을 때, 수많은 유생이 그를 보고자 했습니다. 특히 대정향교大靜鄕校의 훈장 강사공姜師孔은 김정희 선생에게 향교의 학생들이 머무는 기숙사 동재東齋에 걸 현판 글씨를 부탁했습니다. 그때 "의문을 가져라, 모든 걸 안다고 생각하지 말고 끝없이 질문하라"는 의미의 '의문당疑問堂'을 써주었습니다. 조선 시대에 손꼽히는 천재 추사 선생이 요즘 말로 그 삶의 코드가 의문이었다니 아마도 선생은 정쟁의 소용돌이 속에서 무고의 환난을 겪으면서 '의문'이라는 진리로 가는 길을 발견했던 게 아닌가 싶습니다.

드디어 발표가 끝났다. 20 젊은이들은 관습과 반복의 조직문화에서 원숭이들을 구해냈다. 도그마에 매달려 있던 원숭이 집단을 변화와 개혁의 새로운 공동체로 만들어냈다. 1세대 원숭이와는 달리 바나나를 따려고 시도하는 개인을 집단이 억압하고 제재하는 방식도 아니었고, 2세대 원숭이들처럼 영문도 모르고 서로를 감시하며 집단의 안정과 질서를 지키려고 하지도 않았다. 젊은이들이 만들어낸 3세대의 이야기 속 원숭이들은 확연히 다른 모습이다. 얼음 샤워물이 싫다고 사다리에 오르는 원숭이를 무조건 공격하지도 않고, 영문도 모른 체 사다리와 바나나를 금기시하거나 경배하지도 않는다. 3세대 원숭이들은 공개 토의를 통해 현상을 분석하는 지적 방식과 서로의 의견을 수렴하는 민주적인 방식으로 의사결정을 했다. 각자의 능력과 개성으로 공동체에 공헌하여 공동의 목적을 이룩했다. 물 한 방울 맞지 않고서 혼자서는 절대로 해낼 수 없는 일, 곧 높은 천장의 바나나를 따는 데 성공한 것이다. 원숭이 하나하나가 모여 사다리의 구조를 만든 덕분이다. 말하자면 집단주의도 개인주의도 아닌, 네트워크를 통한 연대 방식을 택한 것이다. 이만하면 만점이다. 8마리 이야기는 여기서 끝나도 허물이 없다. 인터넷에 오른 어떤 8마리 원숭이 이야기에도 이런 내용은 없다. 그런데 80 이어령의 의견은 너무나 뜻밖이다. 성공을 자축하며 들떠 있는 20 젊은이들은 향해 준엄한 평가를 내린다.

⊙ 원숭이 이야기가 바나나를 따는 데서 끝난다면 아무런 의미도 없지. 바나나를 따봤자 우리 안에 무슨 변화가 일어나겠어. 천장에 매달려 있는 바나나는 숲속의 바나나가 아니니까, 땅바닥에 뿌려놓은 도토리와 본질적으로 차이가 없어.

※ 애초의 목적이 바나나를 따는 실험이었잖아요. 어쨌든 원숭이들은 그 과제를 성공적으로 달성한 걸요.

⊙ 진짜 바나나가 열리는 숲으로 나가지 않는 한 그건 지속 가능한 게 아니야. '서스테이너블Sustainable', 이 단어 많이들 들었겠지. 이 키워드가 있어야 여러분들은 원더랜드라는 이상향을 찾아갈 수 있어. 실험실 우리 안에 있는 한 원숭이들은 어떤 것도 얻는 것이 아니지. 우리 안의 해결은 해결일 수가 없어요. 만약 여기에서 주저앉으면 이 교실의 여러분들은 전원 낙제하고 말아. 원숭이들에게 쏟아졌던 차가운 물벼락으로 여러분들도 브레인스토밍Brain storming을 해야만 해.

여러분들이 만든 이야기 속 원숭이는 1세대, 2세대의 원숭이들과 마찬가지로 여전히 안에 갇혀 있어. 정말 우리가 원하는 원숭이 이야기는 무얼까. 나는 처음부터 말했지. 여기서 치는 시험은 정답은 없다, 다만 항상 더 나은 해답을 찾으려는 것만이 정답이라고 말야. 『생각의 축제』에서 8020에서 0이 몇 개인지 이미 연습했잖아.

＊ 선생님 말씀을 듣다 보니 〈프리즌 브레이크Prison Break〉란 제목의 미국 드라마가 생각나네요. 〈쇼생크 탈출The Shawshank Redemption〉도 그래요. 우리 안에서의 탈출 바로 그거라고 생각해요!

⊙ 그래. 그렇담 어떻게, 또 어떤 원숭이가 그럴 수 있겠어. 20이 만든 8마리의 원숭이 가운데 어떤 캐릭터가 탈출을 할 수 있겠나? 경영이, 창돌이, 자율이, 아니면 자진에서 제일 밑에 깔린 공헌이?

자, 우리는 겨우 다섯째 허들에 온 겁니다. 그러니 자축하기엔 아직 일러요. 길이 끝난 것이 아니라 이제 시작하는 거지요.

그리고 80의 새로운 강의가 시작되었다. 다섯째 허들 강의가 계속되었다.

길이 끝나자 여행이 시작되다

여러분들의 리포트가 가장 좋은 답이었다면 우리는 지금 여덟째 허들 너머 원더랜드에 이미 도착해 있을 겁니다. 그런데 계산해봐요. 겨우 다섯째 허들에 이른 거죠. 눈앞에 물음 허들이 나타난 겁니다.

"너희들이 만든 이야기가 최상인가 물어봐. 자신에게."

물음의 세계는 꼬리에 꼬리를 물고 나타나요. 우리가 가려던 곳은 교실의 파란 잉크가 바다가 되고 백묵가루가 다시 석회석의 암벽이 되는 바깥세상이었잖아요. 이처럼 우리 안의 원숭이들이 정말 바나나를 따먹으려면 우리의 바깥, 그 바깥의 바깥을 사유하지 않으면 안 되지요. 그리고 그 사유는 의문에서 시작되는 겁니다.

처음으로 돌아가서 질문하라

서두에서부터 숱한 질문을 던졌죠. 질문한 후에야 비로소 새로운 방법을 찾아낼 수 있기 때문이에요. 질문의 소중함은 이미 앞 허들에서 살펴봤지요. '왜 그럴까? 어째서 이러는 거지?'하고 의문을 품는 원숭이가 있어야 변화가 일어난다고 말예요.

이처럼 질문의 중요성과 소중함을 머리로는 알고 있지만, 막상 입을 열어 질문하기란 생각보다 쉽지 않습니다. 특히 어른이 되었다고 생각하는 사람들은 좀처럼 질문하지 않지요. 이와 관련해서 한 가지 생각나는 장면이 있네요. 역시 스토리텔링의 우화 형식으로 쓴 동화인데, 이안 길버트Ian Gilbert의 『생각하는 나무Thinking Tree』에 등장하는 '올빼미의 이야기'에 이런 대화가 나와요. 언제나 자기가 뭘 하는지를 알아야 한다는 말의 뜻을 묻는 베니에게, 큰 올빼미는 이렇게 대답하죠.

당연히 그래야지. 그런데 어른이 되면 당연한 것도 잃어버린단다. 열심히 일하면서도 막상 자기가 무엇을 하고 있는지도 모르는 경우가 허다하지. 믿기지 않겠지만 자기가 무얼 좋아하는지도 모르는 어른들도 있단다. 그러다 나중에는 자기 이름마저 까먹어버리지. 베니, 항상 네가 지금 어디에 있는지. 무엇을 하는지, 무엇을 원하는지, 무엇을 어떻게 있는지, 무엇을 원하는지, 무엇을 어떻게 해야 하는지에 대해 생각해야만 한단다. 그렇지 않으면 그런 것들을 생각해야 한다는 것조차 까먹게 돼.

그렇죠. 아이들은 어른과 달라서 끊임없이 물어요. 사람이 태어나 평생을 살면서 가장 많이 질문을 하는 시기가 아마 유치원 다닐 때일 거예요. 창피한 것도 없고, 편견도, 선입견도 없습니다. 그러니 신기한 것으로 가득 찬 이 세상을 보면서 계속 물어요. 너무 많이 묻지요.
"엄마, 새는 왜 울어?"
"왜 날아가?"
이래서 아직 아이가 어린 어머니들의 고민 1호는, 아침부터 저녁까지 따라다니면서 자꾸 물어대는 아이들에게 일일이 대답해야 하는 일이지요. "아주 귀찮아 죽겠다"라고 젊은 어머니가 말하는 것을 들은 적이 있습니다. 첫아기를 낳아 기르는 젊은 어머니들이 모여 잡담을 하고 있었던 겁니다.

"너희 아이도 그렇게 물어대니? 우리 아이는 온종일 쫓아다니며 묻는다. 그런데 묻는 것마다 괴상한 것이, 일일이 대답하자면 너무 피곤하고 성가셔."

"뭐라는데?"

"젓가락하고 숟가락이 싸우면 누가 이겨, 내가 그걸 어떻게 아니. 세상에 말이 되는 소리를 해야 대답이라도 하지." 그러자 한 어머니가 자랑스럽게 묘책을 가르쳐줘요. 일일이 대꾸해주니 그렇다는 겁니다. 아예 뭘 물으려고 하면 "초전박살 내야지" 하는 거지요.

"초전박살? 어떻게?" 다른 엄마들이 비상한 관심을 보여요.

"예를 들면 '엄마, 새가 왜 울어?' 아이가 그렇게 묻잖아? 그때 그럴듯한 대답을 해주면 아이들이 계속 묻거든. '엄마가 없으니까 울지' 하면 아이가 '저기 있잖아' 그럴 거고, '그건 엄마 아니야. 이웃집 아주머니야' 하면 아이가 '아니야 아저씬데……' 하면서 계속 질문공세를 하지. 그럴 땐 시치미 떼고 '내가 새냐? 새야? 새한테 물어봐' 이러는 거야. 그럼 아이는 입을 봉하고 꼼짝도 못한다니까?"

초전박살! 얼마나 끔찍한 말입니까. 사실 우리 모두가 초전박살에 입을 봉한 그 아이들이었던 겁니다. 이렇게 해서 아이들이 아무것도 묻지 않게 되면 어른들은 아주 좋아하면서 말하지요. "우리 애도 이제 철이 든 것 같다." 그래서 『피터 팬Peter Pan』에는 아이들은 잠을 자면 안 된다는 말이 나오지요. 자고 나면 그만큼 빨리 어른이 되니까.

유치원 아이들이 바라보는 세상은 어른들의 세상처럼 모든 것이 당연한 곳이 아닙니다. 그래서 아무 편견이나 고정관념이 없이 날아가는 새, 흘러가는 구름, 꽃피는 것을 바라봅니다. 그러니 모든 것이 경이롭습니다.

아이들은 시인이 되기도 하고, 음악가가 되기도 하고, 이야기꾼이 되기도 하고, 과학자가 되기도 합니다. 밥이 막 소리 내며 끓으면 아이들은 "밥이 왜 울어?"라고 묻습니다. 그 말을 듣고 보니, 보글보글 끓어오르는 소리가 아이들이 훌쩍훌쩍 우는 소리 비슷하고, 뚜껑이 달각거리면서 밥물이 남실남실 넘는 것이 꼭 눈물을 흘리는 것 같습니다. 하지만 그런 생각을 해본 어른이 있을까요? 어른들은 그저 '밥이 끓는구나' 생각하겠지요.

눈이 하얗게 내려 세상을 뒤덮은 것을 보고 아이들은 "하얀 바다가 되었습니다"라고 말합니다. 아이들은 정말 시인이지요? 또 빵 한가운데를 뜯어먹어 구멍이 생기면 빵이 입을 크게 벌리고 웃는다고도 합니다. 빵을 손으로 조물거리다 구멍이 움직이는 걸 보면 빵이 말을 한다고 혼자서 1인 2역을 해가며 연극을 하기도 합니다. 그럴 때마다 어른들은 말하지요. "먹는 것 가지고 장난하지 마!" 얼룩소를 보고는 소의 검은색이 군데군데 지워져 하얀 얼룩이 생겼다며 재미있어 합니다. 이것이 바로 아이들의 눈입니다.

그런데도 어른들은 "나는 꽃피는 거 다 안다, 새 우는 거 다 안다"고 하면서 궁금해 하지 않죠. 질문을 한다는 건 자신이 뭘 모른다는 걸 인정하는 거라고 생각해서 진짜 궁금한 게 있어도 묻지 않아요.

추사의 진리

질문의 소중함은 김정희金正喜 선생의 일화에서도 잘 나타납니다. 김정희 선생은 귀양지인 제주도에서 '의문당疑問堂'이라는 현판 글자를 써주셨어요. 말하자면 죄인 신분으로 쓴 글씨죠. 조선 시대에 유배는 사형 다음으로 엄격한 형벌이었어요. 한번 유배 길에 오르면 특별한 일이 없는 한 종신형이나 마찬가지였으니까요.

이 유배 가운데서도 가장 지독한 것이 절해고도絕海孤島에 위리안치圍籬安置하는 것입니다. '위리안치'란 죄인이 머무는 집의 지붕 높이까지 탱자 가시나무를 둘러쳐 외부와 완전히 격리하는 것으로, 개구멍 같은 작은 틈으로 먹을 것을 넣어주어 겨우 목숨만 연명하게 하는 형벌이었습니다. 사방이 바다

제주도에 귀양간 추사가 유배당한 자신의 집에 스스로 써붙인 현판

로 막힌 섬만도 끔찍한데, 손바닥만 한 집 안에 이중으로 갇힌 셈입니다.

바로 이것이 추사 김정희 선생에게 내려진 형벌이었습니다. 혹독한 추국에 망가진 몸을 이끌고 제주도에 겨우 도착했지만, 선생은 한동안 돌아다닐 수조차 없었습니다. 그러다 시간이 지나 형이 감해져서 조금 운신할 수 있게 되었을 때, 제주도에 사는 선비들이 추사 선생께 가르침을 청하며 선생의 댁을 드나들기 시작했습니다. 서울 한 번 가기가 지금 수만 리 외국 드나드는 것보다 더 어려울 때였으니, 당대 최고의 학자를 만날 기회를 그냥 놓칠 수는 없었겠죠. 그 가운데 대정향교大靜鄕校의 훈장 강사공姜師孔이 있었습니다. 그는 향교의 학생들이 머무는 기숙사 동재東齋에 걸 현판 글씨를 부탁했습니다.

"여기는 우리 선비들이 머물며 글공부를 하는 곳입니다. 학문에 정진하며 볼 때마다 깨달음을 얻게 될 만한 당호 하나만 써주십시오."

추사 선생은 글씨와 금석학으로 중국에까지 이름 높은 분이었으니 모두 잔뜩 기대를 했겠지요. 그런데 딱 세 글자, '의문당'이라고만 써주신 거예요. 아는 체하는 시골 선비들은 내심 실망했을 겁니다. 한 번도 본 적 없는 기발하고 어려운 말이 나올 줄 알았는데, "의문을 가져라, 모든 걸 안다고 생각하지 말고 끝없이 질문하라"는 의미의 '의문당'이라고 쓰셨으니 말이지요. 이것이 선생이 환갑 되시던 해, 1846년의 일이었습니다. 이제 막 학문을 시작하는 애송이일 때가 아니라, 이미 학문의 틀이 완성된 시기였죠. 바로 여기가 중요한 대목입니다.

추사 김정희는 조선을 통틀어 가장 위대한 천재로 꼽힙니다. 추사 이후 그 가문에 대가 끊긴 이유를 들 때 추사 선생이 후대의 재능까지 몽땅 가져다 썼기 때문이라는 말까지 나올 정도니까요. 그런 추사 선생이 요즘 말로 그 삶의 코드가 의문이었다니 아마도 선생은 정쟁의 소용돌이 속에서 무고의 환난을 겪는 동안 '의문'이라는 진리로 가는 길을 발견했던 게 아닌가 싶어요.

추사 선생만이 아닙니다. 주자학朱子學의 창시자 주희朱憙도 학문을 하는 데 회의懷疑의 소중함을 들었고, 20세기 과학철학의 새로운 패러다임을 만든 비트겐슈타인Ludwig Josef Johann Wittgenstein은 「반反철학적 단장」에서 "우리는 근본을 따지는 것을 잊고 있다. 물음표를 가슴에 깊이 박아넣지 않았기 때문에"라고 말했어요. "의문은 지식의 열쇠"라고, 우리가 프리즌 브레이크를 하려면 우리 안에서 탈출하는 열쇠가 의문이라는 키워드임을 잊지 말아요.

여러분들도 유치원 때는 온종일 무엇이든 묻던 아이들이었겠죠. 그런데 초등학교에만 들어가도 묻지 않고 입을 다뭅니다. 오히려 거꾸로 묻는 것은 선생님 쪽이지요. 시험이야말로 선생이 질문하고 학생이 대답하는 것이니까 말입니다.

하지만 '8020 이어령 명강'에서는 연령이 없다고 했지요. 80대 노인도, 20대의 젊은이도 모두 편견 없고 고정관념 없는 어린아이의 마음으로 되돌아갑니다. 그러면 세상은 의문으로 가득 찬 경이로운 곳으로 변하게 될 것입니다. 그것이 어린아이의 마음, 어린이의 눈으로 본 세상입니다. 여러분들이 설정한 원숭이의 캐릭터에서 누가 이 어린아이에 제일 가까울까. 그 안에서 새로운 이야깃거리를 찾도록 해요.

삶은 물음표와 느낌표 사이에 있는 것

물음이란 이렇게 소중하지만, 세상의 모든 질문이 진리를 찾는 열쇠인 건 아닙니다. 어떤 이가 질문을 던졌는데 거기에 제대로 답하지 않고 비슷한 수준의 질문으로 계속 맞받아친다면 어떨. 사람들은 짜증을 내거나 상대방을 바보라고 놀리겠죠. 이처럼 질문에 질문으로 답하면, 아무것도 알 수 없습니다. 쳇바퀴 돌듯 되풀이되는 물음은 무가치한 거예요.

하지만 서로 다른 의문들이 만나면 어떻게 될까. 자, 보세요. 사랑의 상징, '하트' 문양이 됐지요. 이렇게 서로 다른 의문들이 합치면 놀라운 사랑이 이루어집니다. 이때 사랑이란 건 단순히 '남녀의 사랑Eros'이 아니라 '진리에 대한 사랑

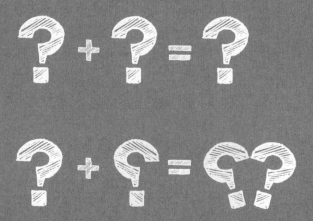

서로 다른 의문이 만나면 사랑이,
의문과 깨달음이 만나면 삶이,
모든 만남은 새로운 기적이 된다는 것!
이것이 우리가 살아가는 세상의 비밀입니다.

Philosophy'이지요.

어린 시절, 처음 물음표를 봤을 때가 떠오르네요. 왜 이런 모양일까 궁금해서 선생님께 여쭤본 적이 있어요. 그러자 선생님께서는 사람이 잘 모르는 게 있으면, 고개를 푹 숙이니까 그 모습을 본떠 만든 거라고 하셨죠. 재미있는 생각이긴 하지만, 찾아보니 정말로 그런 건 아니었어요.

물음표는 라틴어의 '의문' 혹은 '질문'을 형상화한 겁니다. 의문은 라틴말로 'quaestiõ'이지요. 그런데 자꾸 의심나는 것을 말할 때마다 'quaestiõ, quaestiõ'라고 쓰려니까 귀찮았던 모양입니다. 또 어지간히 많이 쓰다 보니까 약자를 고안하기에 이르렀지요. 맨 첫 글자인 'Q'자와 마지막 자인 'Õ'를 나란히 썼는데, 이것도 귀찮은 나머지 'Q'자 밑에다 'Õ'자를 붙였어요. 그리고 이것이 점점 단순화되면서 오늘날의 '?' 모양이 되었다고 합니다.

질문을 하면 답을 찾기 위해 생각하게 됩니다. 그리고 생각하다 깨달음이 오면, '아!' 하고 감탄하며 기뻐하죠. 라틴어에서 기쁨을 나타내는 말은 'Io^Joy'인데, 이 두 글자가 물음표처럼 위아래로 겹쳐지면서 느낌표가 되었습니다. 이렇게 느낌표와 물음표는 아주 달라요. 물음표는 지적이며 이성적인 것이고, 느낌표는 감성적인 것, 긍정하는 거예요. 그래서 영어에서 느낌표는 감탄이나 외침Exclamation을 나타내는 동시에

에로스 / 필로소피 – 캐치프레이즈 – 디자인

존중과 찬탄[Admiration]을 의미하기도 하죠.

삶이 무엇인가에 대해서는 수많은 답이 존재하겠지요. 내가 생각하기에 삶은 바로 물음표와 느낌표 사이에 있는 것입니다. 이 둘 사이에는 무수히 다른 의문과 또 갖가지 깨달음이 존재합니다. 그래서 이 둘 사이에서 모든 것이 새롭게 해석되고 창조될 수 있습니다. 그런데 초등학교에 들어가고 점점 나이가 들어갈수록 묻지 않으면서 우리는 삶의 기쁨을 잃어버리게 되었습니다. 그저 가르침을 받는 데 익숙해지고 말았죠. 이제는 가르치려는 사람들이 너무 많아졌어요. 하지만 아이의 마음으로 뭐든지 묻고 새롭게 느낀다면 해답이 없어도 좋아요. 서로 다른 물음만 있어도 그게 사는 것입니다. 그러니 질문해보십시오. 아이처럼.

지성과 패기, 변화를 만드는 힘

'의문을 통해 근본적인 변화를 일으키라!' 이것이 새롭게 주어진 숙제입니다. 단순한 기술쇄신이나 기술혁신만으론 이루기 어려운 목표이지요. 우선은 그 이유를 끝없이 묻고 동기를 붙들어야 합니다. 그럼으로써 문화를 쇄신하고 집단의 이념·가치·사고와 행동 패턴까지 모두 바꿔야 해요. 즉 전

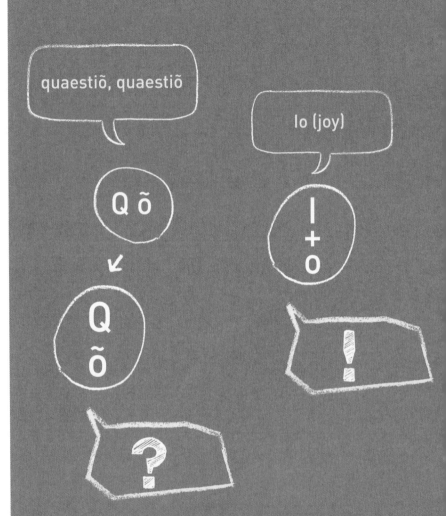

적인 변화, 전통을 깨뜨리고 나아가는 모험가가 되어야 합니다. 그러려면 지성과 패기, 도전의식이 필요합니다.

그렇기에 '도전이'와 '자율이' 그리고 '창돌이' 셋을 함께 합쳐놓은 복합적인 캐릭터가 필요하지요. 8마리를 다시 융합하면 원초의 원숭이에 가까워집니다. 획일적인 집단의 원숭이가 아니라 최초의 아담, 최초의 원숭이가 되는 것이죠.

원래 '지성'이란 서구의 합리적 방법을 의미합니다. 그리고 '패기'는 비합리적 심리나 정신에 속하는 것이고요. 이처럼 서로 상반된 두 가지를 균형 있게 합해야 길이 보입니다. 즉, '이것 아니면 저것'이라는 'Either-or', 곧 로고스가 갖는 배제의 논리를 넘어서 '이것인 동시에 저것' 곧 'Both-and'라는 융합의 코드로 나아가야 해요. 그래야 일시적인 만족감을 주는 변화가 아니라, 지속 가능한 변화를 이끌어올 수 있죠.

이원론적 선택에서 모순되는 것들의 통합으로 가는 'Both-and'의 융합 코드는 경제학자 슘페터 Joseph Schumpeter 가 말하는 자본주의의 동력인 '창조적 파괴 Creative Destruction' 를 통해서 달성할 수 있습니다. 그럼 이 '창조적 파괴'를 실행하려면 어찌해야 할까. 가장 먼저 우리에 들어오기 전, 원숭이들이 자유롭게 뛰놀며 살았던 숲에서의 최초의 기억과 체험을 되살려야 합니다. 인간으로 치자면 현재의 문화나 사회, 관습을 일군 태생 지점들과 그 이전의 상황을 하나하나 살피는 것이에요. 다시 말해, 러시아 형식주의자들의 문화 텍스트

Either-or → Both-and

↑
창조적 파괴
↓

Ostranenie   오스트라네니   OcTPaHeHNe

낯설게 하기

이론인 오스트라네니(낯설게 하기)와 같이, 문화를 원점에서부터 새롭게 읽는 일이 필요합니다.

'낯설게 하기', 이 개념 자체가 낯설지 모르겠어요. 하지만 너무 어렵게 생각하지 말아요. 가령 박완서 씨의 글 중에 이런 것이 있지요. 어느 날 부인이 남편과 함께 성당에 갑니다. 성체를 영접하기 전에 교우들과도 평화의 인사를 나누게 되지요. 그렇게 자연스럽게 옆자리의 남편과도 새삼스레 인사하게 됐는데, 문득 부인의 눈에 비친 남편의 모습이 낯설어 보이더라는 거예요. 늘 같이 밥 먹고 잠자리에서 코 고는 소리를 듣고 이마를 맞대다시피 살아온 남편이건만, 어째서 그 순간엔 낯선 이를 대하는 듯한 아득한 느낌이 들었던 걸까. 바로 그 외양은 물론 마음까지 하나의 풍경처럼 바라볼 수 있는 거리감이 생겨났기 때문이죠. '인사'라는 형식이 한 몸 같은 남편을 '나 아닌 또 다른 한 사람, 하나의 개별적인 존재'로 인식하게끔 하는 계기가 되었던 겁니다.

우리에게도 바로 이런 '거리^{Distance}'가 필요한 것이죠. 당연

낯설게 하기 Ostranenie-остранение
'낯설게 하기'란 러시아 형식주의자들이 처음으로 사용한 용어로, 일상적인 인식의 틀을 깨고 사물을 낯설게 하여 본래의 모습을 찾아주는 기법이다. 사물을 직시하는 것으로 익숙한 것을 낯설게, 낯선 것에서 새로움을 발견하여 생의 감각을 되찾는 예술의 한 방법이다.

시 여기던 무언가를 객관화해서 바라보고, '과연 그러해도 되는가'를 살필 수 있는 계기를 만들어야죠. 그런데 사실 우리는 이미 그 단계로 들어섰습니다. 즉 물벼락을 맞아본 적이 없으면서도 사다리 오르기를 터부시하는 상황, 금기로 점철된 집단문화의 규범에 의문을 갖고 그 시원始原으로 돌아가려는 용기 있는 원숭이를 그려보았던 거죠. 아웃사이더라면 이 '거리 두기'의 단계에서 한 발 더 나아가 실험용 원숭이, 울 안의 원숭이가 아니라 숲속의 원숭이가 되려고 할 겁니다. 매슬로우의 욕망의 5단계 중 최고 단계인 '자아실현'을 향해 나아간다는 의미이지요.

⊛ 그런데 선생님. 저희는 늘 전통을 수호하고 문화를 존중하라고 배웠는데요. 지금 그 말씀은 이것과 모순되네요. 그래서 좀 혼란스러워요.

⊙ 그래. 그런데 20의 그 혼란스러움이 실은 반가운 표식이야. 새로운 시각 갖기 곧 낯설게 하기의 '거리 두기'는 본연적으로 혼란을 동반하거든. 그러니 너무 걱정하지 말고 함께 생각해보자고.
전통과 문화, 물론 존중할 만하지. 하지만 그러한 전통이나 문화가 그 자체로 절대적이지 않다는 점도 알아야 해. 전통이란 집권세력의 이해관계와 그 시대의 특수성에 따라 만들어진 게 대부분이거든. 사실 전통도 발명된 것이거든. 당시에는 꼭 필요한 것이어서 세상에 출현했지만 언제나 늘 그런 것은 아니지. 하지만 지금도 우리는 집을 이고 다니는 달팽이처럼 과거의 유산을 감히 버리지 못하고 낑낑대면서 짊어지고 다니고 있는 게 현실이지.

그럼 이쯤에서 하나 묻겠어. 여러분들, '민족民族'이란 말이 언제 생겼을 것 같아?

(✳) 삼국을 통일한 신라 시대요!

아니, 고구려요. 저 대륙에까지 영토를 넓혔던 광개토대왕 때가 아닐까요?

(◉) 아니야. 사실 민족이란 말은 비교적 최근에 만들어진 거야. 민족을 강조하는 것은 19세기적인 생각이야. 1848년 파리에서 일어난 2월 혁명과 비엔나에서 있었던 3월 혁명 때 갑자기 '민족'이란 개념이 등장했어요. 그리고 러일전쟁(1904~1905) 당시 고조되는 위기감 속에서 단결의식을 높이려고 일본인들이 널리 도입했지요. 그러다 1919년 베르사유 조약 때 이른바 '민족자결론' 곧 '제 민족의 나라를 주어야 한다'고 하면서 민족 문제를 해결하겠다고 한 것인데, 상황은 그리 간단치가 않았지요. 참 의외의 사실 아닙니까? 그러다 이게 유행되어서 오늘날에 이르렀지. 학자들에 의하면, 구한말 이전의 중국어 기록에선 '민족'이라는 말이 딱 한 군데에서만 나온다고 해. 뜻도 지금의 것과는 전연 다르지요.

어때요. 놀라운 사실이죠. 일본 사람들이 이 '민족'이란 개념을 만들었을 당시는 산업이 밀려들어오고 왕조의 존립이 위기에 처하는 등 거대한 변혁기였어요. 유럽에서도 국민국가가 막 태동하던 때였죠. 이 민족과 국가를 합해서 '민족국가'라는 말을 쓰기도 하는데, 영어로는 그냥 '내이션-스테이트Nation-state'라고 불러요. 고정된 한 단어가 있는 것이 아니라 고안된 말, 곧 합성어지요. 하이픈을 사용해 두 말을 이어주는 거예요. 하지만 그나마도 정확히 떨어지는 단어가 아니죠. '내이션'을 '민족'으로 해석하기는 영 어색하잖아요. 보통은 '국가, 나라'라는 뜻으로 쓰이죠. 그래서 이 하이픈의 역할을 생각해보면 두 단어의 관계를 여러모로 해석할 수 있어요. 어쨌든 처음에 일본 사람들이 만든 용어라서 영어로 번역하기도 아주 애매하거든요. 게다가 국민이랑 민족은 다른 개념이니까요. 사실 민족이란 개념 자체가 참 모호하지요.

전 세계적으로 급격한 변혁기였던 19세기 말, 20세기 초엽엔 각 집단의 정체성을 다시 세울 필요가 있었어요. 산업이 발달하고 왕조가 무너지고 국민국가가 들어서니, 농업, 왕가 중심으로 되어 있던 사회 각 계층의 정체성이 국민국가 쪽으로 바뀌게 되었지요. 그러다 점차 혈통의 동질성, 고유성 개념이 강조되면서부터는 민족을 강조하게 되었던 것이고요. 요컨대 민족이란 근대의 성립 과정에서 막 발명된, 100여 년될까 말까 한 수명의 개념인 거예요. 그래서 베네딕트 앤더슨

Benedict R. O'Gorman Anderson 같은 학자는 민족을 '상상의 공동체 Imagined Communities'라고 불렀어요. 실제로는 존재하지 않는, 만들어진 정체성이라는 것이죠.

⊛ '민족'이란 말의 역사가 이제야 겨우 100여 년을 넘었다니, 너무 의외인데요. 게다가 사람들이 만들어낸 개념이라니, 신기한 사실이네요.

◉ 이런 예는 대단히 많아. 하나 더 말할까? 여러분들, 혹시 스코틀랜드 하면 무엇이 생각나?

⊛ 체크무늬 스커트에 망토를 둘러매고서 무릎까지 오는 양말을 신은 채 백파이프를 불며 걷는 사나이들이요!

◉ 그래, 그 체크무늬 스커트 형 하의를 킬트Kilt라고 하는데, 각 씨족Clan에 따라 서로 다른 문양을 상징으로 삼는단다. 게다가 그 킬트에는 멋들어진 문장도 새겨져 있지. 그런데 말이야, 이 킬트의 전통은 언제 만들어진 거 같아?

⊛ 혹시 그것도 최근에 발명된 건가요, 민족이라는 말처럼요? 저는 아주 오랜 전통인 줄 알았는데요. 적어도 천 년은 된 줄 알았어요.

◉ 의외로 이 역시 최근에 성립된 관습이야. 영국의 역사학자 에릭 홉스봄Eric Hobsbawm을 비롯한 여러 학자가 함께 쓴 『만들어진 전통The Invention of Tradition』의 한 꼭지에 그 내용이 자세히 소개되어 있지. 스코틀랜드 고지대의 전통을

스코틀랜드 전통의상

스모 경기

> 조사한 학자에 따르면, 17세기 말 이전에는 그런 관습이 아예 없었다는 거야. 그렇다면 그 후에야 나타난 관습이라는 말이 되겠지.

이런 예는 무수히 많지요. 가까운 일본만 하더라도 그래요. 가령 프란시스코 하비에르 타블레로Francisco Javier Tablero라고 하는 사람이 쓴 「사회적 구축물로서의 씨름Sumo as a Social Construction」[1]이라는 논문 내용이 참 흥미로워요. 우리가 이따금 볼 수 있는, 기형적으로 뚱뚱한 씨름꾼들이 나와서 조그마한 씨름판에서 서로 밀거나 부딪혀서 줄 밖으로 내보내거나 하는 일본 특유의 씨름 있잖아요? 그것도 사실 이 연구가에 의하면 메이지유신 때 만들어낸 일종의 허구라는 거예요. 스코틀랜드 사람이나 인도의 군복처럼 메이지유신이 되고서야 만들어진 것, 실제로는 아주 최근에 만들어진 것이 많다는 거죠. 스모에서 이긴 사람에게 상을 건넬 때 손으로 십자를 자르듯이 하는 의식이 있지요. 그것도 사실은 꾸며낸 겁니다.

씨름판에서 쓰이는 도구, 장식, 문장, 복장, 소금을 뿌려 정화하는 의식, 수많은 신체적 움직임 등을 분석해보면 누구도 언제부터 그것이 있었는지 설명하는 사람이 없어요. 가령 '테

---

1   Francisco Javier Tablero, "Sumo as a Social Construction", 《국제 일본문화연구센터 주최 제86회 일문연(日文硏) 포럼 발표문》(1996년 6월 11일 발표, 1997년 2월 15일 발행).

카타나手刀'라고 하는 것이 있는데, 씨름꾼의 손짓으로 아주 의식화되어 있는 요소죠. 그런데 그 의미가 무엇인지 물어보면 이야기가 다 달라요. 먼저 이렇게 답하는 사람이 있어요. 제각각 오른쪽 손을 움직이는 것은 하늘과 땅을 나타내는 것이고, 현상금을 받을 때 내미는 손은 인간, 그래서 천지인을 나타낸다고 말이죠. 동양이 가지고 있는 아주 오래된 삼재사상이 이 씨름꾼의 몸짓, 그 손의 움직임 속에 깃들여 있다는 것이죠.

메이지유신明治維新
제국주의 물결이 강해지는 시기, 일본은 쇄국체제를 최대한 유지해 기존의 생활방식을 유지하고자 했다. 하지만 이런 쇄국 시기가 지나고 성립된 메이지 정부는 대대적인 개혁을 감행했다. 구미국가를 모델로 국민의 실정을 고려하지 않은 국가 주도의 일방적인 개혁이었다. 이 유신으로 일본의 근대적 통일국가가 형성되었다. 경제적으로는 자본주의가 성립되었고, 정치적으로는 입헌정치가 개시된 것이다. 유신을 이룩한 일본은 구미국가에 대한 굴종적인 태도와는 반대로 아시아 국가에 대해서는 강압적이고 침략적인 태도로 나왔다. 이는 군국주의로 발전하게 되었다.

천지인天地人과 삼재사상三才思想
중국 고대 사상에서 나온 것으로 우주의 근원을 하늘天, 땅地, 사람人으로 보는 사상을 말한다. 인간은 천지자연과 대립되는 존재가 절대 아니며, 이를 정복하는 존재로는 생각할 수 없다는 것이다. 삼재사상은 자연의 이치, 우주의 이치 안에 사람이 들어간 것이다. 하늘과 땅과 사람이 하나가 되는 것이다. 천지는 자연이지만 거기에 사람이 있음으로써 천지 사이에 또 하나의 세계가 만들어진다.

그런데 또 어떤 사람은 다르게 말해요. "아니다. 그 손의 움직임은 네 방향을 가리키니까 동서남북을 뜻하는 것이고, 칼로 내려 긋는 것은 칼로 뭔가를 자르는 모양을 상징한 것이다." 이렇게 일본 특유의 무사들, 그리고 동서남북이라고 하는 방향의 원형성, 이런 것들로 풀이하는 사람도 있다는 거예요. 한편 또 다른 사람은 "아니다. 손의 움직임은 승리의 세 신神을 뜻하는 것이다. 천지인이 아니라 세 번 긋는 것은 천지인이 아니라 승리의 옛날 신을 뜻하는 것이다"라고 주장하지요.

실제 조사해보면 씨름꾼들이 현상금을 받을 때 손짓은 그렇게 복잡한 오래된 의식이나 상징이 아니라 아주 최근에 도입되었다고 합니다. 한마디로 새롭게 만들어낸 거죠. 1942년 아주 최근의 일입니다. 어떤 씨름꾼이 비공식으로 자기가 멋대로 꾸며서 해봤는데, 우아하고 권위에 찬 느낌을 준다고 해서 그 씨름꾼을 흉내 내게 된 거예요. 그래서 1966년에 그것을 규정으로 정해서 의무적으로 하도록 결정한 거라네요. 1966년이면 텔레비전이 막 생기고 할 때죠. 텔레비전 중계할 때 보기도 좋고 하니까 만들어졌지 옛사람의 전통이 전혀 아니에요. 이처럼 유고한 옛 전통이라고 생각했던 것 가운데는 의외로 최근 것, 요즘에 만들어진 것이 상당히 많습니다.

그리고 일본 결혼의 아주 독특한 신전, 하나님 앞에서의 결혼이라고 해서 신도新道식으로 이상하게 얼굴을 하얗게 칠하고 하는 예식이 있지요. 아마 영화나 그림 같은 데서 많이 봤을 거예요. 그 신전 결혼은 아주 오래된 신도에서 나온, 일본의 토착종교에서 나온 것으로 생각하기 쉽지만 전혀 그렇지 않아요.

사실 이건 1900년, 당시 황태자였던 훗날 다이쇼大正가 신전 결혼을 한 데서 유래했거든요. 신도식으로 일본의 신사新寺에서 결혼식을 올렸던 거예요. 이 황태자의 결혼식 때도 씨름판과 똑같이 의식을 혁신하고자 하는, 새로운 질서를 상징하는 황실제도를 만들어야만 했던 겁니다. 국민들 앞에서 자신들이 황실의 오랜 전통 속에서 산다는 것을 보여주려고 말예요. 사실상 메이지 정부의 정책적 산물에 불과했다는 거죠. 기독교가 들여온 서양식 결혼식을 유추해서 만든 거니까요.

천황은 신도의 전설 가운데 결정적으로 그 위치를 높이기 위해서 수세기간 숨어 있던 일본의 진실한 질서를 회복시킨다는 명목에서 이러한 신전 결혼을 선보였지만, 그것은 근대화, 개화된 후에 고안된, 일본의 전통성을 수립하기 위한 하나의 쇼로서 만들어진 작품이었던 겁니다.

어때요, 의외의 사실을 많이 알게 되었죠? 요컨대 우리가 수호해야 할 전통이라고 믿는 대부분의 것은 지금으로부터 얼마 되지 않은 시기에 당대의 필요와 요구에 따라 고안되고 구성된 것들입니다. 즉 가짜라는 것이죠. 물론 가짜에도 소중함은 있을 수 있어요. 다만 전통은 불변하는 것이 아니라, 얼마든지 바꿀 수 있다는 점을 기억하자는 겁니다. 전통이란 절대적인 게 아니에요. 그러니 도망칩시다. 고정관념의 울타리에서 헤어나야 합니다.

뗏목을 버리라

완전한 새로움! 이전의 모든 것과는 전혀 다른 새로움을 얻으려면 이처럼 이전의 것을 철저히 검토해야 합니다. 그냥 뒤집는 것이 아니라 지금까지 옳다고 배운 지식까지도 모두 버려야 하죠. 요즘 기각 학습이 유행하는 것도 그 때문입니다. 몽당연필은 계속 사용하는 것을 보았지요.

"나는 지우개 달린 작은 몽당연필, 쓰고 지우고 지우고 쓰는 몽당연필."

이어령 명강에는 교가 같은 노래가 없지만, 급할 때 이 말을 가사로 한 교가를 만들면 어때요. 대답이 없는 것을 보니 신통찮은 것 같군. 우리 안에 갇힌 원숭이는 자신이 우리 안에 갇혀 있다는 사실을 알아야 하고 다음에는 우리 안에서 학습한 것을 모두 지워야 우리 바깥을 사유할 수 있습니다.

민족이라는 말이 구한말 이전에는 없었다는 말을 듣고 여러분들 아주 충격을 받은 것 같군요. 가만 보면 '우리'란 말이 '우리(울)'와 같은데, 때로는 우리라는 집단의식이 공동체라고 하는 것이 우리圈와 같은 것일 수 있어요. 우리에 갇혔다는 의식은 '나'라는 자아 없이는 어렵죠. 그러므로 네모난 곳에 들어간 한자의 일체를 의심하고 일단 그 밖으로 뛰쳐나와야 한다는 말이지요. 한자의 '口'는 바로 울타리 성처럼 우리의 모양을 형상한 것이니까.

◉ 자, 한자 잘 아는 사람 예를 들어봐요. 작은 것부터.

❋ 감옥에 갇힌 죄수의 수 '囚'요.

◉ 그래, 네모난 감방口 사람人을 가둔 모양이지. 그와 비슷한 것으로 좀 어려운 한자가 있는데 감옥에 갇힌 몸을 '영어圄 圖'라고 하지. 수인囚人처럼 네모난 곳에 들어 있는 글자야.

❋ 나라 '國' 자도 있어요.

◉ 그래, 나라는 국경과 성으로 큰 울타리를 친 것이지. 그래서 '口'가 두 개나 들어 있어.

❋ '口' 자 두 개 빼고 남는 글자는 무슨 뜻이에요?

◉ '과戈'말인가. 그건 무기를 나타내는 글자야. 나라를 지키는 군의 병기. 안보의 군사력인데, 그래서 한때 네모 안에 '民' 자를 넣어야 한다고 주장한 사람도 있지.

이미 말한 대로, 국가주의나 민족주의가 표방하는 이념과는 달리 개인을 얼마나 억압하고 소외시키는 장치로 작용했는지. 일단 나라 밖을, 민족 밖을 사유하는 대담한 탈출 없이는 나라도 민족도 진정으로 사랑할 수 없게 되지. 이

유도 모르는 맹목적인 애국주의와 민족주의처럼 무섭고 허망한 것도 없는 거야. 여러분들이 지금까지 배운 것은 약이 아니라 독일 수도 있지.

이 네모꼴에서 벗어난 인물이 바로 석가모니죠. 석가모니는 왕국의 성에서 탈출한 왕자였어요. 왕성을 버리고 나라를 버린 것이죠.

"부왕이시여, 이 세상에서 만나는 자는 반드시 이별하게 되옵니다. 아무리 은혜와 사랑이 지중한 부모와 자식 사이라 하더라도 이별하고야 마는 것입니다. 소자는 길이 이별을 여의는 법을 배우고자 하오니 부왕은 소자의 뜻을 살피시와 집을 떠나서 닦는 길을 허락하소서."

물론 늙은 아버지는 왕권의 상속권자였던 석가모니를 붙잡고자 했어요.

"태자여, 그것이 웬 말인가? 태자가 나를 버리고 집을 떠나겠다는 말이 웬 말인가? 나는 이미 늙었으니 이 나라와 백성을 누구에게 맡기란 말인가? 태자여, 태자는 이 아비를 위하여 나라를 맡아 다스리고 세상에서 할 일을 다 한 뒤에 집을 떠나 수도해도 좋지 않은가? 어찌하여 이 늙은 아비를 버리고 집을 떠나려 하는가?"

그러나 늙은 아버지의 애원에도, 석가모니는 다 떨치고 나왔어요. 그 대답이 냉정하게 느껴질 정도로 단호합니다.

"그 무엇을 더 믿고 기다리오리까? 탄생과 죽음이 없는 도와, 이별이 없는 법을 찾아 닦는 것만이 오직 참의 길입니다. 그 밖에 또 무슨 참됨이 있사오리까."

그리고 싯다르타는 몰래 궁성을 뛰어넘어 후와천 하수河水 건너의 고요한 수풀로 갑니다. 그뿐만 아니라 후에는 아름다운 여인도 떨쳐냈지요. 이 여인에 관한 이야기는 불교 최고最古 경전인 소부경전, 『수타니파타Sutta-nipāta』에 담겨 있습니다. 그 4장인 「의품義品」의 8가지 이야기 중에서 마간디야가 등장하는 장면이 그렇지요.

쿠루국의 칸마사단마라는 마을에 대처승인 바라문이 살고 있었어요. 그에게는 황금빛을 내는 딸이 있었는데 아주 많은 크샤트리아 왕자들이 구혼을 합니다. 하지만 바라문은 그들이 아름다운 자기 딸에게 어울리지 않는다고 다 거절했지요. 그러던 어느 날 석존이 나타났는데, 자기 딸처럼 황금빛을 내는 겁니다. 그래서 이 사람이야말로 내 딸의 결혼 상대구나 이렇게 생각했지요. 바라문은 마간디야를 아주 예쁘게 치장해 동행하게 했고, 석존께 가서 자기 딸을 아내로 맞이할 것을 권했습니다. 그런데 그 경전에 기록된 석가모니의 대답이 전혀 의외였어요.

"내가 네란자라 강가의 보리수 아래서 깨달음을 위해서 수행하고 있을 때, 애욕과 불쾌와 탐욕이라고 하는 세 마녀를 본 적이 있었다. 하지만 그때 음욕으로 그 여인들을 갖고 싶다는 욕망조차 일어나지 않았다. 당신이 지금 여기에 데려온 이 여인에게도 마찬가지다. '똥'으로 가득 차 있는 이 여인이 도대체 뭐라는 거냐. 나는 당신 딸, 이 분뇨 덩어리의 다리조차 접촉하고 싶지가 않다."

보통 아버지 같으면 아주 불쾌해하면서 길길이 날뛰며 성낼 것이 분명한데, 바라문의 대처는 남달랐습니다. 전혀 예상치 못한 대답에 바라문은 의아해졌던 겁니다. 그간 황금빛을 발하는 자기 딸을 아내로 맞이하기 위해서 지복, 가장 귀한 보물을 들고 많은 왕자들이 구혼을 청해왔는데, 석가모니 당신은 어떤 생각을 가졌기에, 도대체 어떠한 계율과 법을 가졌기에 그와 같이 말하는 것이냐고 물었던 겁니다. 그러자 석가모니는 "나는 계율이나 법규 이런 것들에 대해 집착하지 않는다. 나에게는 그런 것이 없다"라고 답합니다. 법규나 율법 같은 것을 넘어선다는 거죠. 어떤 주장이나 법 같은 것에 사로잡혀서 그걸 기준으로 판정하는 것이 아니라, 생각 속의 결정을 보고 그걸 끄집어낸다는 거예요. 그러한 마음의 적정, 편안함, 무언가 욕망하는 마음이 없는 상태에서 욕망 곧 모든 고통의 원인을 멸하는 겁니다. 이를 가리켜 '적정寂靜'이라고 해요. '적막하다', '조용하다'는 '寂' 자를 쓰죠. 석가모니는 자신이 그것을 보았다고 이야기합니다.

물론 우리는 단번에 이러한 고요함에 이를 수 없어요. 석존도 마찬가지였죠. 이러한 적정, 깨달음에 이르기까지 석존은 묻고, 답하며, 다시 그 답을 파하는 무수한 시간을 견뎌야 했죠. 자신의 우리 곧 집과 가족을 떠나야 함을 알았을 때, 석가모니는 담대히 그 생각을 실천에 옮겼습니다. 그리고 무수한 길을 걷고 또 걸었지요. 누군가 이런 여정 없이 평온함에 이를 수 있다고 한다면, 그건 거짓 평화에 지나지 않을 겁니다.

이처럼 석가모니를 여러 각도에서 보면, 평생을 자신을 가두는 〈프리즌 브레이크〉의 드라마를 가장 잘 보여준 주인공이라고 할 수 있어요. 석가모니의 여러 일화에서 우리는 가르침을 얻을 수 있지만, 특별히 교육론은 『중부경전中部經典』에 자세히 쓰여 있습니다. 당시의 교육은 법이나 계율戒律이라고들 했지요. 그중 특히 「무여기無餘記」에는 뱀의 비유와 뗏목의 비유가 나오는데, 그 두 가지 이야기의 의미가 바로 석가모니의 교육론이라고 할 수 있어요.

먼저 뱀의 비유를 간단히 전하면, 가르침이란 독사와 마찬가지라는 얘깁니다. 가르친 지식을 잘못 잡으면 즉, 잘못 이해하면 그 배운 이론에 물리기 십상이니까요. 게다가 물리면 맹독에 의해 생명을 잃게 됩니다.

⊛ 그 독이란 무엇을 상징하는 건가요?
◉ 이 설화에서 말하는 뱀의 독이란 우리들에게 고통의 원인이 되는 것들로 탐욕, 사랑, 집념 같은 거지요. 배운 식자識者일수록 이런 게 많잖아.

寂靜

적   정

그런데 뒤집어 생각하면, 독사를 올바로 잡으면 바로 이해하는 것이잖아요. 잘못 잡으면 독사가 물지만 제대로만 잡으면 물리지 않는다는 뜻이니, 심사숙고하고 순발력을 발휘해서 독사를 제대로 제어할 줄 알아야 한다는 겁니다.

　하지만 제대로 잡은 상태, 제대로 이해한 상황일지라도 그건 절대적인 게 아니에요. 경전에 의하면 그러한 새 방안, 새 지식은 냇물을 건너기 위해 쓰는 뗏목과 같지요. 석존은 가르침을 주었을 때 그것을 사용하여 목적지에 도달하게 되면, 즉 냇물을 건너면 뗏목을 버리라고 말씀하셨어요. 거기에 집착하지 말라는 말씀이에요. 한번 상상해보세요. 강을 다 건넜는데도 버리기 아깝다면서 그 뗏목을 그냥 머리 위에 얹어서 걸어가는 사람. 강에서나 뗏목이 필요하지 강을 다 건넜는데도 그것이 아주 소중한 것이라면서 땅 위에서는 쓸모없는 뗏목을 이고 다닌다면 얼마나 거치적거리고 부담스럽겠어요. 그는 정말로 어리석은 자이죠.

　불경뿐만 아니라 성경에도 이러한 진리가 들어 있죠. 그중 한 예화가 「마가복음」 7장 25~30절에 기록되었습니다. 아픈 딸을 살리고자 했던 한 여인의 이야기죠. 수로베니게 태생의 그리스 사람이었던 그 여인은 예수 그리스도에게로 찾아가서 자기 딸에게서 병귀病鬼를 쫓아달라고 간청했어요. 그냥 간청하는 것이 아니라, 그 발밑에 엎드려서 애원했지요. 그런데 이 이방 여인을 대하는 예수의 태도가 참으로 싸늘합니다. 그

분의 말씀을 한번 들어보세요. "먼저 자녀들이 배불리 먹어야 한다. 자녀들의 빵을 빼앗아 개에게 던지는 것은 옳지 않다."(『현대인의 성경』, 「마가복음」 7, 27) 유대인이 아니라고 거절하는 수준이 아니라, 심지어 이 여인을 개와 동격으로 취급하고 있습니다. 누구에게나 큰 모욕이 아닐 수 없는 상황이죠. 매우 화를 내면서 달려들어도 어색하지 않을 장면이에요.

그러나 여인은 기분 상해하지 않았습니다. 그녀의 대답을 한번 보죠.

주님, 맞습니다. 그러나 상 아래 있는 개도 아이들이 떨어뜨린 부스러기를 먹습니다.(『현대인의 성경』, 「마가복음」 7, 28)

놀랍지 않습니까? 이 여인은 당시의 통념, 민족주의, 인종주의, 이런 것들을 다 넘어섰습니다. 무시당했다고 저주하고 애달파하며 수치심에 고통스러워한 것이 아니라, 그 자리에서 자존심과 함께 자신을 둘러싼 모든 노모스를 벗어버렸습니다. 그러고는 오직 예수의 말 한마디를 간구합니다. 신앙적으로 풀자면 이전의 자기가 지닌 모든 것을 버리고 완전히 텅 빈 상태에서 새로운 존재자인 예수의 말씀을 전적으로 받아들인 거예요. 이렇게 모든 것을 비워내자 애타게 바라고 원하던 무언가가 이루어집니다. 이윽고 예수는 여인을 바라보며 "네 말이 옳다"고 수긍합니다. 그러고는 그 딸이 이미 치유

받았다고 선포하지요.

참으로 감격스러운 장면이지요. 우리도 마찬가집니다. 기존의 것들을 모두 비울 수 있어야 해요. 이 모든 이야기들은 단지 성인들의 옛 일화, 신비로운 이적이 아닙니다. 그 속에 우리가 나아갈 방향의 실마리, 이정표가 담겼지요. 이야기로 된 나침반이라고나 할까. 민족, 국가, 이념, 사상 모든 것으로부터 벗어날 것! 우리를 얽매고 있는 모든 노모스를 넘어설 것! 그 후에야 우리는 또 다른 세계로 들어설 수 있다는 겁니다.

탈출, 내가 갇혀 있다는 것, 그리고 그 우리 안에서 벗어나야 한다는 것! 이 점을 깨달았다면 그것은 곧 물음의 뜻을 알았다는 것이죠. 그렇게 우리는 여섯째 허들, 곧 벤처 허들을 향해 달려갈 준비를 갖추었다는 뜻이 됩니다.

김정희

김정희金正喜(1786~1856)는 조선 후기의 대표적인 서예가다. 실학자이면서 화가이고 서예가였다. 한국과 중국의 옛 비문을 보고 만든 그의 서체는 추사체라고 하여 현대에도 많이 쓰이고 있다. 김정희는 한국 금석학의 개조로 여겨지는데, 그가 청나라에서 고증학을 배울 때 함께 익혔다. 귀국한 뒤에는 친구들과 함께 비문을 보러 팔도를 답사하기도 했다. 그 가운데 '무학대사의 비' 혹은 '고려 태조의 비'라고 알려진 북한산비가 사실은 '진흥왕 순수비'라는 사실을 밝혀내기도 했다.

김정희는 서예, 도서, 시문, 묵화에서 독창적이며 뛰어난 업적을 남겼다. 그에게 금석학을 배운 인물로는 오경석이 있고, 난초를 배운 이로는 이하응이 있다. 또한 지인에게 난초를 그려줄 때 별호를 다양하게 바꿔 달았기 때문에 한국의 위인 가운데 가장 많은 별호를 가지고 있다. 추사는 그 가운데 가장 잘 알려진 별호다.

또한 그는 높은 관직에까지 올랐던 사람이기도 하다. 암행어사 경력도 있다. 효명세자를 가르치는 필선도 했고, 성균관 대사성, 이조참판, 이조판서 등을 거쳤다. 그러다 보니 험난한 정쟁 속에서 도합 13년이라는 긴 시간을 귀양살이로 보낼 정도로 굴곡이 많은 인생을 살았다. 유배가 끝난 후에는 '과지초당'이라는 거처를 마련해 후학을 가르치며 여생을 보냈으며, 죽기 전까지 집필을 멈추지 않았다고 한다.

주자학과 주희

주희朱熹(1130~1200)는 중국 남송의 유학자로 흔히 주자朱子라는 존칭으로 불린다. 유학을 집대성하여 주자학을 창시한 인물이다. 주자의 가장 큰 업적은 주자학을 창시한 것과 더불어 경서를 정리한 일이다. 『논어』『맹자』『대학』『중용』으로 이루어진 '사서'에 주석을 달고 정리한 것이다. 이것은 후에 사서의 교과서가 되고 권위적인 책이 되는데, 이를 계기로 사서가 오경보다 중시되게 되었다.

주자학은 우리가 흔히 알고 있는 성리학의 시작이라고 할 수 있다. 인간 본성性과 자연의 이치理를 하나로 합치시키는 것을 추구하는 것이다. 그의 학풍은 '가능한 한 많은 지식을 구하여 그중 필요한 것을 취사선택하여 체계화한다'는 것이다. 그 자신도 항상 공부하는 사람이었으며, 배우는 데는 나이가 없다고 생각한 사람이었다. 40여 년간 사서를 정리할 정도로 맹렬하게 학문에 정진했다. 죽기 직전까지 사서에 주석을 달았다고 한다.

이런 주희는 논쟁을 굉장히 중시 여겼다고 한다. 학문을 하는 데는 회의가 중요하다고 생각했다. 『근사록』 편찬을 마친 주희는 당대의 저명한 유학자 육구연과 만나 학문적 토론을 벌였다고 하는데, 이때 서로 다른 의견을 피력했던 것이 주희에게서 비롯된 이학, 육구연에게서 비롯된 심학으로 갈라지게 되었다는 시각도 있다. 실제로 이들은 치열하게 논쟁을 펼쳤지만 실제로는 막역한 사이였다. 학문적 입장은 달라도 서로를 깊이 존경했다. 다만 학문에서 서로 다른 의견을 교류하고 이해가지 않는 것에 의문을 가지는 자세, 그 자세를 중요시 생각했던 것이다.

벤처

그 사회가 안정적인 상태라면 울타리 안의 규율을 지키는 것만으로도 큰 문제없이 유지됩니다. 하지만 전쟁이나 가뭄, 혹은 그러한 위험단계를 넘어서서 사회의 근간과 인간성의 근원을 뒤흔드는 변화가 일어나는 때엔 달라져야 합니다. 다시 말해, 구성원 각자가 매 시간 매 장소에서, 서로 다른 지혜와 판단력을 발휘하면서 집단의 생존을 위해 노력하는 수밖에 없습니다. 더욱이 이러한 상황 판단력은 하루아침에 생기지 않으므로, 꾸준한 노력으로 사고력과 순발력을 키워 준비하는 것이 관건입니다.

묻고+꿈꾸고+도전하라!

"우리 안에서 탈출을 결심한 원숭이가 있다면 그리고 그 결심을 행동으로 옮기려고 한다면 무엇이 그를 가로막을까." 이 질문을 생각해보는 것이 바로 이 벤처 허들입니다.

탈출! 과연 8마리 원숭이 가운데, 그 각기 다른 캐릭터 가운데 용감하게 우리를 탈출해서 진짜 바나나가 열리는 향기로운 숲을 찾아갈 가능성을 가진 이는 누굴까. 이 8마리 중에는 없습니다. 적어도 하나의 특성만으로는 안 되지요. 서너 개의 특성이 서로 합쳐져야 해요. 일단은 현재를 묻고, 갇힌 것을 안 다음, 본질적인 것을 생각해 진짜 바나나가 있는 숲을 찾아가야 하죠.

이 중에서도 첫 단계인 묻는 힘, '질문력質問力'이 이제는 창조의 가장 큰 원동력입니다. 해답력解答力보다도 질문력이 더욱 중요해요. 그리고 물은 후엔 반드시 꿈꿔야 합니다. 바깥을 사유하는 꿈돌이가 되어야 하죠. 그다음엔 그 꿈을 실천에 옮기는 대담한 행동가, 모험가적 기질을 발휘해야 합니다.

묻는 이, 꿈꾸는 이, 도전하는 이! 앞의 이야기에선 창돌이와 자율이, 도전이를 꼽을 수 있겠죠. 적어도 이 세 캐릭터가 합쳐져야 벤처 원숭이, 진화된 원숭이가 생겨난다는 겁니다.

벤처, 무릅쓰고 나아가다

벤처를 얘기하기 전에, 그 말뜻부터 생각해보죠. 이 단어를 우리말로 옮기려면 무엇이 적당할까.

* ‘모험’이요! 어드벤처Adventure랑 비슷하잖아요.
  시험은 어떨까요? 한번 해보는 거니까요.
  똑 떨어진 단어는 아니지만 ‘~을 무릅쓰고’요!
⊙ 맞아요, 그거 의미있는 생각이네!

맞아요. 벤처란 무언가를 ‘무릅쓰고’ 해나가는 일을 가리키죠. 그런데 ‘어드벤처Adventure’, ‘모험’이라는 뜻을 지닌 이 단어는 벤처와도 유사한 의미로 통하지요. 어드벤처는 ‘ad + venture’로, 접미사인 ‘ad’에는 ‘~을 향해서, ~로, ~를 따라서’ 등의 뜻이 있거든요. 그러니까 ‘벤처를 향해서, 벤처로, 벤처를 따르는’ 것이 바로 모험이란 의미가 되겠네요.

프랑스어로는 이 어드벤처를 ‘아방튀르Aventure’라고 하는데, 여기에도 ‘예상치 못한 뜻밖의 일, 모험, 운’이라는 뜻이 있어요. 이렇게 벤처를 향하면 예상치 못했던 일, 모험, 운을 만나게 된다는 뜻이니까, ‘~를 무릅쓰고’가 썩 잘 어울리는 것이죠.

그런데 중세 때는 이 말이 없었다고 해요. 물론 말이 없다

이해력 < 질문력

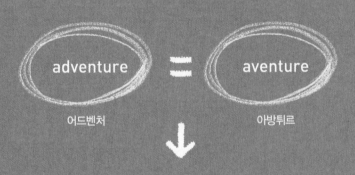

adventure = aventure

어드벤처　　　　　　아방튀르

↓

'~를 무릅쓰고'
(일, 모험, 운을 만나게 된다는 뜻)

고 해서 그런 일이 전혀 일어나지 않았다는 건 아니지만, 적어도 그 말이 필요할 만큼 빈번하지는 않았다는 것이죠. 중세는 봉건제 안에서 장원 중심의 생활이 자리 잡은 상태였고, 대다수 사람들이 농사와 목축을 하며 살았거든요. 그래서 기어코 위험을 무릅쓰며 어떤 일을 행하거나 도전할 상황이 일어나지 않았던 거죠. 그러니까 벤처는 대항해 시대 이후, 육지에서 바다로 사람들이 시선을 돌리기 시작한 시점부터 생겨난 단어입니다.

리스크를 감수하라

방금 벤처가 '위험을 무릅쓰는 것'이라고 했는데, 이 '위험'이란 말은 영어로 리스크Risk라고 하죠. 바로 벤처와 짝을 이루는 말이에요. 앞의 이야기에서 뽐냄이는 이 '리스크'란 용어를 함부로 썼지만, 사실 이 말에는 여러 어원이 있어서 전문가들에게서도 제각각입니다.

영어의 리스크는 경제학과 경영학에서 특히 잘 쓰는 용어로 사업상의 위험을 뜻하는 말이지만, 본래 그것은 영어가 아니라 밖에서 들어온 말이죠. 그래서 그 어원의 뜻을 캐보면 각각의 풀이에 따라서 그것이 의미하는 것들에서 조금씩 차이가 납니다. 더불어 그 어원을 살피는 과정에서는 소급하여

'리스크Risk'란 말은 어디서 왔나

01 용기를 갖고 도전하다
이탈리아의 옛말 Risicare에서 유래했다는 설

02 절벽의 사이를 배로 지나다
절벽을 의미하는 라틴어의 Resicum 에서 유래했다는 설
Greek navigation term Rhizikon

03 내일의 양식을 구하다
아랍어에서 유래했다는 설

04 해도 없이 항해하다
스페인어에서 유래했다는 설

습관적으로 써온 용어의 참된 의미가 무엇인지 비로소 실감할 수 있지요.

우선 여러 가지 설을 정리해서 비교해봅시다.

'리스크'의 유래에 관해서는 4가지 설이 있습니다.

첫째, 리스크는 이탈리아 고대어인 'Riscare', 즉 '용기를 갖고 앞으로 나가는 사람'에서 유래했다고 합니다. 운수 혹은 요행을 바라거나 노름하는 것이 아니라, 의지를 가지고 위험을 무릅쓰며 나아가는 것을 가리키죠. 즉 오늘날의 '위험'이란 의미보다는 '진취적이고 용감하다'라는 뜻입니다.

두 번째는 그리스의 항해 용어인 'Rhizikon'이 라틴어 'Resicum'으로 자리 잡는 과정에서 리스크의 뜻을 갖게 되었다는 겁니다. 이 말은 원래 '절벽'이라는 뜻으로, 절벽 사이를 통과하는 위험한 항해를 무릅쓰면 더 큰 몫을 챙길 수 있었던 당시의 관행에서 나온 말이죠.

그리스 해안의 절벽과 절벽 사이 좁은 해로에는 급류가 흐르기 때문에 배들이 지나기가 쉽지 않습니다. 하지만 이 위험을 무릅쓰고 그 지름길로 가면 남보다 3, 4일 거리를 단축할 수 있지요. 그러면 다른 배보다 훨씬 빨리 물건을 가져오고 가져갈 수 있게 됩니다. 물론 안전하게 가려는 사람들은 시간이 걸려도 돌아가지만, 용기 있고 모험심이 강한 사람, 앞서 가려는 사람은 죽기 아니면 살기로 그 절벽 사이를 지났던 거죠. 당시 농민들의 한해벌이 혹은 평생벌이를 상인들이나 항해하는 사람들은 배 한 번 타는 것으로 해결했던 거예요. 정치경제학자인 패티W. Petty가 조사한 내역에 의하면, 당시 농부의 하루벌이는 4실링이고 뱃사람은 그 3배인 12실링이었답니다. 그래서 뱃사람으로 1년만 벌면 오랫동안 먹고살 돈을 꾸릴 수 있다고들 했던 것이죠. 물론 수시로 찾아오는 죽음의 위협을 이겨내고 살아남아야 했지만요. 위험한 만큼 돌아오는 몫이 큰 겁니다. 반대로 위험이 없으면 몫도 작아지죠.

세 번째 유래는 유명한 경영학자 피터 드러커Peter Ferdinand Drucker가 밝힌 것입니다. 드러커는 앞의 두 가지 유래를 모두 부정하면서 이렇게 말했죠.

"아냐, 모르는 소리 하지 마. 그건 아랍에서 온 말이야. 아랍에서는 내일 먹을 양식을 '리스크'라고 했어. 세상에 내일 먹을 양식이 얼마나 위험해. 이거 구하기 위해 어디 가서 매 맞는 사람도 있고, 일하러 가다가 못된 사람 만나 목 잘린 사람도 있고, 도둑질하는 사람도 있을 테지. 우리가 일상생활에서 먹을 양식을 구하는 것, 그게 쉬운 게 아니야. 무엇을 입을까, 무엇을 먹을까 걱정하지 말라고 하지만 이 현실에서는 끝없는 위험 속에서 겨우 한 덩이의 빵을 얻는 거야."

마지막 네 번째는 이렇습니다. "Non plus Ultra." 지브롤터 해협의 암벽에는 더 이상 넘어가지 말라는 경고문이 적혀 있었다고 해요. 원래 지브롤터 해협은 세계의 끝으로 알려져 있었죠. 그곳을 넘어가면 낭떠러지인 거죠.

지브롤터 해협에는 헤라클레스의 신화와 관련된 탄생비화가 있어요. 그가 헤라의 계략에 따라 12가지 과업을 수행하던 중, 지름길을 트기 위해서 바다를 막고 있던 아틀라스 산맥의 어느 줄기를 동강냈다는 것이죠. 바로 이 동강난 산줄기 사이로 바닷물이 흘러나와 생긴 것이 지브롤터 해협이라고 합니다. 그래서 이 지브롤터 해협의 낭떠러지 끝에 놓인 거대한 바위를 '헤라클레스의 기둥'이라고 불렀죠.

그런데 호전적인 스페인 사람들이 이 선을 넘어간 거예요. 이것이 세계의 끝이 아니라, 또 다른 세계의 시작임을 알아차렸기 때문이죠. 급기야 그들은 'Non plus Ultra'에서 'Non' 자를 빼버리고는 'Plus Ultra'로 바꿔버렸어요. 그러니까 어

헤라클레스의 기둥

헤라클레스는 제우스의 아내인 헤라의 저주로 정신착란을 일으켜 아내와 아들을 죽이고 말았다. 그 죄를 씻기 위해 행한 일이 그 유명한 12 과업이다. 신의 노여움을 풀기 위해 델포이를 찾아간 헤라클레스에게 티린스의 어리석은 왕 에우리스테우스의 12개 명령을 이행하라는 신탁이 내려왔다. 에우리스테우스는 불가능하다고밖에 볼 수 없는 어려운 과제를 내린다. 그중 하나가 게리온의 황소 무리를 잡아 왕 앞에 대령하라는 것이다. 그 황소 무리가 살던 곳이 바로 지브롤터 해협 부근이다. 힘들게 땅끝에 도착한 헤라클레스 앞에는 거대한 아틀라스 산맥이 가로막고 있었다. 헤라클레스는 이 산맥을 넘거나 돌아가는 대신 괴력을 이용해 잘라버렸다. 그때 잘려나간 두 개의 산줄기를 '헤라클레스의 기둥'이라고 부르는 것이다.

지브롤터 해협의 모습

스페인 토일 왕궁 장식인 '헤라클레스의 기둥'에
새겨진 'Non plus Ultra'

때요? 뜻이 정반대가 되어버린 겁니다. "더 나아가라! 더더 나아가라!"

이렇게 이 위험의 경계를 넘어간 모험자들이 오늘의 유럽 문명을 만들었다고 하지요. 리스크가 아무래도 해양이 항해 용어에서 온 것 같다는 생각이 드는 것도 그 때문이죠.

영국의 사회학자 앤서니 기든스Anthony Giddens의 『질주하는 세계Runaway World: How Globalisation Is Reshaping Our Lives 』에 나오는 '리스크'란 말의 풀이에도 그러한 견해가 적혀 있지요. 즉 리스크란 근대에 들어와 16세기 이후에서 17세기 들어와서 세계일주 항해가 시작되면서부터 등장한 용어라는 겁니다. 그 이전에는 유럽에도 유럽 이외의 다른 나라에서도 리스크란 말을 쓴 예는 찾아볼 수 없다는 것이죠. 벤처의 사정과 동일한 겁니다. 기든스는 리스크가 "해도 없이 항해"하는 것을 가리킬 때 사용된 용어로서, 스페인 혹은 포르투칼에서 영어로 들어오게 되었으리라고 추측합니다.

역시 농경문화의 생활을 해온 한국말에는 리스크란 말의 사돈에 가까운 말도 찾아볼 수 없습니다. 옛 시조 한 수 감상해보세요.

풍파에 놀란 사공 배 팔아 말을 사니
구절양장이 물도곤 어려왜라
이후란 배도 말도 말고 밭 갈기만 하여라

안대를 쓴 장만의 초상

바다가 무서워서 배 대신 말을 몰고, 길도 무서워서 농사만 지었다니. 철저한 반反벤처의 안전 추구 사상 속에서 '농자천하지대본農者天下之大本'의 깃발을 사수하려고 한 것이 아닌가.

그런데 한 가지, 이 시의 작자와 관련해서 전혀 의외의 사실이 있어요. 이 시조를 읊은 사람이 밭만 갈며 태평천하를 누리던 어느 농부가 아니라, 장군이자 문인이었던 장만張晩 (1566~1629)이란 점이 바로 그렇죠. 장만은 어떤 사람인가. 그가 활약하던 때는 임진왜란壬辰倭亂에서 정묘호란丁卯胡亂에 이르는 시기로, 연달은 전쟁으로 조선이 최대의 위기를 맞이할 때였어요. 게다가 장만은 내륙과 방위를 가리지 않고 3대 왕조에 걸쳐 나라를 위해 헌신했던 장수였지요. 특히나 그의 초상화를 보면, 수시로 위험에 맞닥뜨리며 역동적으로 살아갈 수밖에 없었던 그 삶의 흔적이 고스란히 남아 있어요. 자, 보세요. 안대를 하고 있지 않습니까? 전장에서 한쪽 눈을 잃었던 겁니다. 삶이 그야말로 리스크의 연속이었던 사람이, 그래서 훈장과 같이 검은 안대를 지닌 채 살아야 했던 이 사람이 "배도 말도 말고 밭 갈기만 하여라"라고 노래합니다.

사연을 듣고 보니 처음 저 시를 마주했을 때와 느낌이 사뭇 다르지 않나요. 그래요. 사실 장만은 단지 안주하는 삶을 기린 것이 아닙니다. 현실에서 그가 마주 부딪쳐야 했던 여러 곤란과 어려움 속에서도 마음의 밭을 갈듯이 평정을 유지하는 것, 그 고요한 시간의 소중함, 가치를 노래했던 것이죠. 자기를 닦고 다스리는 수신修身의 시였던 겁니다. 그 내용이 농경민족이었던 우리네 삶을 잘 보여주는 것은 사실이지만, 장만 개인의 삶을 들여다보면 이처럼 좀 달라집니다. 장만은 그야말로 리스크를 감수하고 나아가야 했던 사람이었으니까 말예요.

어때요, '리스크'의 어원은 제각각이나 이 말들 모두가 '위험을 감수하는 만큼 이익을 얻게 된다'는 뜻만은 같지요. 그래서 경영학에서 흔히 쓰는 금과옥조金科玉條, 이를테면 "모험 없는 곳엔 이익도 없다Nothing Venture, Nothing Have" 혹은 "리스크가 높으면 들어오는 몫도 높다High Risk, High Return"라는 말이 쓰이는 겁니다.

벤처인의 출현과 『베니스의 상인』

또 하나, 재미난 점을 살펴볼까요. 위험을 무릅쓴다는 뜻의 '벤처'가 처음으로 등장한 것은 사전이나 행정문서, 뱃사람들의 안내서 같은 것이 아니었어요. 바로 셰익스피어가 쓴 『베니스의 상인Merchant of Venice』에서 처음 등장했죠. 1막 1장에만 벤처란 말이 3번 나옵니다. 보통 역서에서는 그 말뜻을 잘 모르고 그저 '모험'이라고 번역해놓은 것도 있지만, 정확히는 무역선에 싣는 화물 즉 상품을 벤처라고 불렀던 것입니다. 도박을 하듯이 그만큼 리스크가 컸기 때문이죠. 무역선

상품 자체가 대박 아니면 쪽박의 모험물이었던 거예요.

소설의 배경인 베니스는 동방과의 무역이 활발한 곳이었습니다. 안토니오라는 인물은 인도 같은 동양에서 사향, 후추, 비단이라든가 여러 가지 향수, 향목 등 진귀한 물건을 잔뜩 실어와 비싼 값에 파는 일을 하지요. 특히나 이번 배가 무사히 돌아오면 한몫 크게 잡을 예정이었어요. 하지만 이 배가 난파되었다는 헛소문이 퍼지는 바람에 안토니오는 곤경에 처하고 맙니다.

예로부터 침몰 위기에 놓인 배의 선장들은 배와 운명을 같이 했지요. 배가 암초에 부딪히거나 큰 파도를 만나 침몰할 위기에 놓이면, 선장은 선원들을 모으고 "너희들은 가라, 나는 배와 함께한다"고 말하고는 지는 해에 경례를 하고 배와 함께 바닷속으로 가라앉았습니다.

언뜻 생각하기엔 그저 멋진 이야기 같죠. 하지만 실상은 그리 낭만적인 게 아니에요. 선장은 그 배의 최종 책임자이기 때문에 배를 잃고는 소용이 없는 것이죠. 살아남아봤자 빚더미에 올라앉거든요. "내가 인도로 가서 돈을 몇십 배 불려올 테니 돈 좀 내시오, 물건들 맡기십시오." 그러다가 배가 침몰하면 그 손해는 목숨으로도 갚을 수 없습니다.

이처럼 잘되면 한 몫 잡고 그렇지 못하면 폭삭 망하는 것이 바로 벤처입니다. 안토니오도 한탕 모험을 벌였지만, 자기 배가 난파되었다는 소문 때문에 샤일록한테 생명을 뺏길 처지에 놓이죠. 돈을 제때 갚지 못하면 자기 살 한 점을 베어내기로 약속했으니까. 하지만 실제로는 배가 무사히 도착해서 해피엔딩을 맞을 수 있었지요.

많은 사람들은 이 작품에서 안토니오와 샤일록의 유명한 재판 얘기에만 주목하지만, 원래 셰익스피어가 쓰려고 했던 것은 작품의 제목 그대로 '베니스의 상인, 벤처인'의 이야기입니다. 첫 장면에서 안토니오의 대사를 보세요. 자기의 배 이야기를 꺼내면서 불안한 기색을 드러냅니다. 앞일을 알지 못하기 때문이죠. '벤처, 모험, 도전'이란 본래가 그런 것입니다. 예측 가능하지 않아요. 안토니오는 그야말로 벤처인이지요. 그런데 따지고 보면 샤일록도 바로 이 벤처에 동참한 셈입니다. 그가 안토니오에게 돈을 빌려주었을 때, 샤일록에게 보장된 미래 같은 것은 전혀 없었으니까. 말하자면 오늘날 '벤처 캐피탈Venture capital'의 성격이 보이는 것이지요.

사실 베니스란 장소의 특성 자체도 벤처와 썩 잘 어울립니다. 그래서 셰익스피어가 베니스를 작품의 배경으로 고른 겁니다. 대가의 선구안이란 이런 것이죠. 베니스의 시작이 어땠나요? 망망대해, 수십 개의 암초만이 전부였던 이 만에다 인공도시를 일궈내지 않았습니까? 베니스의 선조가 바로 벤처인이었던 거예요. 6세기에 이민족에게 쫓기던 롬바르디아인들이 살 곳을 찾지 못하자 어쩔 수 없이 개간했던 것이 그 시초라고 하니까요. 이렇게 인공도시를 세워놓았으니 먹고사는 문제를 본격적으로 해결해야 했지요. 그런데 땅에서 나는 게 신통치 않았어요. 내륙과 같은 토양이란 것 자체가 없으니 그럴 수밖에요. 농사로는 생존을 보장할 수 없으니, 자연스레 무역업에 종사하게 되었던 겁니다.

또 베니스는 정치적으로 봐도 유력 가문 혹은 특정 인사에 의한 일방적 지배를 받은 적이 없지요. 피렌체라면 메디치가 The Medici, 밀라노 하면 비스콘티가 The Visconti 나 스포르차가 The Sforza 가 퍼뜩 떠오르지만 베니스의 경우는 그렇지 않죠. 각 계층 간의 분쟁도 비교적 적었습니다. 각 계층의 선을 넘지 않는 선에서 계층 내부의 평등을 추구하기도 했죠.

물론 내부적으로는 다른 도시 못지않은 전통, 기원, 역사를 수립하기 위한 노력이 뒤따랐어요. 그 일례가 바로 산마르코 성당의 축조 과정이죠. 당대의 성인聖人숭배 관습에 따라 9세기 초에 2명의 상인이 알렉산드리아에서 성인의 유해를 모셔왔고, 이 유해를 간직하기 위해 성당을 축조해 봉헌했거든요. 그뿐만 아니라 그를 베니스의 수호성인으로 모시고, 성경에서 마르코의 상징물로 간주되는 사자를 베니스의 상징물로 삼기도 했지요. 바로 이런 전통 수립의 노력과 더불어 끊임없이 새 문물을 받아들일 수 있는 환경이 베니스엔 마련되어 있었어요. 정치·사회·경제의 여러 면을 두루 볼 때, 당대의 베니스는 벤처인이 출현하기에 알맞은 조건을 갖추었던 겁니다.

베니스 산마르코 성당

베니스의 갈릴레오

어때요, 벤처와 관련된 현 상황의 원초적 이미지가 베니스의 역사와 『베니스의 상인』에 드러나 있다니 참 흥미롭지요. 그런데 여기에 한 가지 더, 매우 재미난 사실이 있습니다. 바로 이 '벤처 캐피탈'을 끌어온 대표적인 인물이 갈릴레오이거든요.

자, 이렇게 해서 셰익스피어와 갈릴레오는 의외의 장소인 '베니스'에서 다시 한 번 조우하게 됩니다. 앞서 깔아놓았던 상상력의 지뢰가 여기서 또 한 번 '빵!' 하고 터지는 거죠. 실제의 지뢰가 터지면 사람이 다치겠지만, 상상력의 지뢰가 터지면 꼬리에 꼬리를 무는 새로운 아이디어와 웃음소리가 한가득 터져 나와요.

물론 이 두 사람이 실제로 만났다는 건 아녜요. 셰익스피어가 뛰어난 창조적 상상력을 발휘해서 당대의 이름난 무역도시인 베니스의 이야기를 실감나게 그려냈다면, 갈릴레오는 직접 그의 튼튼한 두 발을 이용해서 베니스까지 다다랐던 거죠. 당시 베니스는 그야말로 세계의 온갖 기물과 기인들이 모여들던 곳이니까, 호기심 많은 갈릴레오가 가보지 않았을 리 없었겠죠. 무엇보다 베니스는 세계 최초로 특허권이 생겨난 곳이라서, 갈릴레오처럼 신기술에 민감한 인물들은 누구나 베니스에 가보고 싶어 했습니다. 특허란 이제껏 세상에는 없었던 어떤 특수한 기술의 가치를 인정하고 그 소유권을 보장해주는 것이죠. 말하자면 어떤 '새로움'에 대한 감각이 유달리 예민하고 그 중요성을 미리 알아보는 날카로운 이들이 모여드는 도시가 바로 베니스였다는 거예요. 현재엔 없지만 미래에는 반드시 중요한 기술에 대한 투자. 그만큼 당시의 베니스는 투자의 조건과 수준이 남달랐던 겁니다.

우리는 갈릴레오가 망원경을 이용해 별의 존재를 확인하는 장면을 이야기했죠. 그가 이 망원경을 발명할 시간과 자본을 얻은 곳이 바로 이 베니스였습니다. 단 갈릴레오는 한 가지 꾀를 냈어요. 상인들의 도시인 베니스인 만큼, 실리성과 유효성이 가장 중요했던 것이죠. 순수 과학실험의 목적만을 추구한다고 하면 아무도 돈을 대주지 않을 테니까, 상선의 상태와 정체를 관찰하는 용도로 이 망원경을 개발하겠다고 했습니다. 베니스의 투자자들은 충분히 예측 가능한 실리적 이유가 없으면 투자에 나서지 않았거든요. 그러니 우선은 그들의 이익과 직접 결부되는 목적을 내세워야만 했던 거예요. 물론 결과적으로는 이 투자자들의 실리적 판단이 예상보다 훨

베니스의 특허권 Venetian Patent Law
이탈리아 베네치아공화국은 1443년 발명에 대해서는 특허가 있다고 인정하고 1474년 3월 19일 세계에서 최초로 특허법인 발명자 조례를 공포했다. 이것이 현대 특허제도의 시초다. 이 때문에 현대 특허제도는 베니스에서 탄생했다고 본다.

씬 큰 결과를 가져왔죠. 다시 말해서 우주를 바라보는 새로운 관념, 생각의 역사를 바꾸어놓을 엄청난 기술력의 밑바탕이 마련되었다는 말입니다.

금상자를 물리치고 납상자를 선택하다

그뿐 아닙니다. 『베니스의 상인』에는 또 다른 벤처 이야기가 담겨 있어요. 안토니오의 친구인 바사니오의 결혼 이야기가 바로 그렇지요. 사실 안토니오가 샤일록에게 돈을 빌리고 말도 안 되는 내용의 차용증을 쓰게 된 계기는 친구 바사니오의 구혼자금 때문이었어요. 바사니오가 포샤라는 여인과 결혼하기를 원하는데 구혼자금이 없어 고민하는 것을 알았거든요. 그래서 안토니오는 자신이 벌어들일 수입과 신용을 담보로 돈을 미리 당겨쓰고는 그 돈으로 친구의 고민을 덜려한 것이지요.

어렵사리 구혼자금을 마련한 바사니오는 또 한 번 예상치 못한 난관에 부딪칩니다. 바사니오가 포샤와 결혼하기 위해 벨몬트에 갔을 때, 그는 포샤 아버지의 유언에 따라 다른 구혼자들과 더불어 '상자 고르기' 시험을 치러야 했던 것이죠. 즉 3개의 상자 가운데 포샤의 초상화가 든 상자를 고르는 사람이 그녀와 결혼하는 것은 물론 막대한 재산까지 물려받는다는 조건이었죠. 이 상자들은 각각 금과 은 그리고 납으로 만들어졌습니다. 이 밖의 다른 조건은 전혀 없었어요. 구혼자의 국적도, 연령도, 신분도 필요 없었지요. 오직 운명을 변화시킬 만한 판단력과 대담함만이 요구될 뿐이었습니다.

'내가 만약 포샤의 아버지라면 소중한 딸의 초상화를 어디에 넣을까?' 대부분은 금상자에 넣겠다고 생각하겠지요. 귀한 물건은 귀한 상자에 넣는 것이 일반적인 관습이니까요. 게다가 각각의 상자엔 선택을 권하는 다음과 같은 글귀가 새겨져 있었죠. 먼저 금상자에는 "선택하면 다수가 원하는 걸 얻으리라"라는 문구가, 은상자에는 "선택하면 너 자신의 가치만큼 얻으리라"가 새겨졌지요. 마지막으로 납상자에는 이런 문장이 있었죠. "선택하면 다 내놓고 위험을 감수해야 한다."

각 상자 위에 적힌 이 같은 말을 읽고서, 바사니오를 제외한 다른 구혼자들은 상식대로 안전하게 금상자와 은상자를 골랐습니다. 혹시 그렇지 않을 수도 있지만 다른 경우를 고르기엔 위험부담이 크니까 일반 통념에 기대어 선택한 거예요. 하지만 바사니오는 어쩐지 그러고 싶지 않았죠. 그래서 그는 3개의 상자 앞에서 고민에 빠집니다. 비범한 이 상황 앞에서 남들과 똑같이 평범한 선택을 하기는 싫었던 거지요. 고정관념을 벗어나려 한 거죠. 도박할 때도 위험부담이 높은 베팅일수록 이겼을 때 더 큰 몫을 얻게 되잖아요.

우선 바사니오는 금상자를 신뢰하지 않지요. 금상자 위의 그럴듯한 글귀도 바사니오를 현혹하진 못했지요. 금이란 허식일 수 있다는 거예요. 세상의 재판이란 것도 바로 그렇지요. 아주 더럽고 썩은 소송이라 할지라도 금처럼 빛나는 교묘한 말솜씨로 양념을 해놓으면 표면은 숨겨져서 악도 악으로 보이지 않지요. 종교도 마찬가지입니다. 어떤 이단사교라 할지라도 아주 거룩한 얼굴을 하고 축복하며 성서를 인용한다면 그게 참인 듯이 생각하잖아요? 즉 아무리 형편없는 것도 화려한 장식으로 덮어버리는 그 금을 함정으로 본 것이죠. 은상자 역시 다를 것이 없지요. 결국 그는 과감히 납상자를 고르게 됩니다. 말하자면 모든 허례를 떨쳐버리고, 그 내면의 가치를 통찰해서 선택한 겁니다. 일반적인 통념과 상식에서 과감히 벗어난 거예요.

이 선택의 결과는 어땠을까, 짐작이 가지요. 바로 포샤의 초상화는 금상자가 아니라 납상자에 담겨 있었습니다. 금으로 된 상자엔 해골이, 은으로 된 상자에는 눈을 껌뻑이는 바보의 그림이 들어 있었죠. 한편 납상자에는 이런 쪽지가 들어 있었어요. "보는 대로 선택하지 않은 그대는 운 좋았고 선택 또한 옳았다. 이 행운이 그대에게 왔으니, 만족하고 새 사람 찾지 말라. 이 결과에 큰 기쁨을 느낀다면, 또 행운을 지복至福이라 생각하면, 그대 부인 쪽으로 몸을 돌려, 사랑의 키스로 그녀를 요구하라."

따지고 보면 바사니오의 결정이 불러온 결과는 예견된 것이나 다름없었어요. 포샤 아버지의 유언을 한번 돌아보세요. 귀한 외동딸의 결혼 상대에게 판단력 외에 그 어떤 자격도 제한하지 않다니, 그 자체로 일반적인 통념이나 상식을 벗어난 것이 아닌가 말입니다. 바사니오의 결정과 한 쌍을 이루는 것이죠.

⊛ 『베니스의 상인』은 그야말로 겹겹이 싸인 벤처 이야기네요.

⊙ 맞아요. 그런데 말이야. 바사니오와 관련해서는 또 한 가지 재미난 이야기를 연결지을 수 있어. 결혼과 관련된 문구 중에 "열 척 떠나면 돌아오는 건 한 척뿐인 것이 바로 결혼"이라는 말이 있거든.

⊛ 그만큼 결혼이란 리스크를 감수해야 하는 일이라는 뜻인가 봐요. 그 말에 비추어보면, 바사니오는 포샤와의 결혼을 위해서 몇 겹의 리스크를 뛰어넘어야 했다는 뜻이 되겠네요. 그야말로 'High Risk High Return'이네요.

어때요, 벤처가 어떤 것인지 확연히 알 수 있겠지요. '리스크'와 '리턴'을 써서 헤아려본다면 금상자란 '로우 리스크 로우 리턴Low Risk Low Return'의 경우이고, 은상자는 '하이 리스크 로우 리턴High Risk Low Retrun'에 해당하죠. 그리고 납상자가 바로 '하이 리스크 하이 리턴High Risk High Return'인 거예요. 위험부담이 크기는 하지만 잘만 하면 평소보다 더 큰 이득을 얻는 것이죠. 이것이 바로 오늘날 서양문화를 관통하는 '벤처'입니다. 그리고 이 '벤처'를 감행하는 사람만이 누구도 얻지 못할 보물을 품에 안을 수 있습니다.

창조적 행위자의 등장

벤처인은 묻고, 꿈꾸며, 도전한다고 했지요. 그러려면 무엇보다 비전이 있어야 합니다. 그런 후에는 장소를 옮겨야 하죠. 익숙한 옛 집을 떠나서 새로운 꿈의 장소를 향해 발걸음을 옮겨야 합니다. 길 없는 길을 가는 것이 벤처의 길이고 해도海圖에도 없는 바다를 가로질러 보물섬을 찾는 것이 새로운 공간을 탐색하는 지력과 담력입니다.

8마리 원숭이들에게는 이 새로운 장소가 사시사철 바나나가 열리는 어느 열대의 아름다운 숲이겠지요. 그것은 꿈속에 있는 욕망의 공간이고 가봐야 비로소 아는 공간이기 때문에 현재 자기에게 낯익은 곳입니다. 더구나 갇혀 있는 부자유한 공간과는 정반대의 방향에 있는 것이지요. 그렇다면 원숭이 이야기의 해피엔딩은 무엇일까?

이에 관해 참고할 만한 하나의 뜻 깊은 식견은 하버드 대학 비즈니스 스쿨의 존 P. 코터 교수의 의견입니다. 코터는 군대라는 집단을 예로 들어서 리더십과 매니지먼트의 차이를 언급하면서 변화와 창조의 가능성을 탐색했어요.

군대란 위에서 아래로 통솔이 이루어지는 집단입니다. 그래서 상관의 판단력과 통솔력이 빛나는 한, 군대는 아무 일 없이 돌아갈 수 있죠. 그러나 일단 전쟁이 일어나면 좀 달라져요. 상관의 일방적 지시체계가 중요한 것은 물론, 모든 계층에서 리더십을 필요로 하게 된다는 것이죠. 다시 말해, 평상시와는 또 다른 방식이 필요하다는 겁니다. 사실 전시戰時의 효과적인 조직운영 방법 같은 것은 누구도 감히 공언할 수 없어요. 불시에 벌어지는 예측 불가능한 상황이기에 어떤 방식이 좋을지를 확정하기가 힘든 것이죠. 당연히 기존의 관리체제만으로는 전쟁 상황에 대처할 수 없습니다.

코터는 군대뿐 아니라 여느 집단의 경우도 이와 마찬가지라고 말합니다. 그 사회가 안정적인 상태라면 울타리 안의 규율을 지키는 것만으로도 큰 문제없이 유지되겠죠. 하지만 전쟁이나 가뭄, 혹은 그러한 위험단계를 넘어서서 사회의 근간과 인간성의 근원을 뒤흔드는 변화가 일어나는 때엔 달라져야 한다는 거예요. 다시 말해, 구성원 각자가 매 시간 매 장소에서, 서로 다른 지혜와 판단력을 발휘하면서 집단의 생존을 위해 노력하는 수밖에 없어요. 더욱이 이러한 상황 판단력은 하루아침에 생기는 것이 아니니까, 꾸준한 노력으로 사고력과 순발력을 키워 준비하는 것이 관건입니다.

창조적 파괴가 필요하다

21세기는 변화의 시대라고들 하죠. 오늘날처럼 사회가 급변하는 시기에는 기존 방식을 답습하거나 안일하게 유지, 관리하는 것으로는 충분하지 않습니다. 오로지 전적인 혁신이 필요해요.

앞서 샤인의 8가지 유형으로 만들어낸 원숭이 이야기만 해도 그렇습니다. 각 구성원들의 능력과 학습을 신장하고 각자의 개성을 발견하게 하는 한편, 그 개성을 조화롭게 만드는 시도를 해볼 수는 있을 거예요. 그러나 그러한 시도가 성공한다고 하더라도 일시적인 대처일 뿐입니다. 거기에 자족하고 울 안에 그저 갇혀 지내는 일에 문제의식을 느끼지 못한다면, 그런 혁신의 노력도 결국 일회적이고 예외적인 사건이 되니까요. 요컨대 지금은 창조적 파괴가 필요한 시점입니다.

평상시엔 능력 있는 몇몇 관리자가 조직을 이끌어가도 괜찮아요. 원숭이 이야기에서처럼 말이죠. 그저 적절히 인력을 배치하고 구성원들이 적극적으로 일하도록 동기를 부여하면 됩니다. 또한 적정 수준의 예산을 편성함으로써 장기적인 안정과 질서를 유지하면 그만이고요.

하지만 8마리 원숭이 이야기에서처럼 땅에 뿌려진 도토리가 동나거나 밖에서 먹이를 주지 않는 일이 발생한다면 어떨까요. 그야말로 비상사태입니다. 이때 필요한 것은 관리자가 아니라 위기를 넘어설 수 있는 창조적 리더이지요. 그리고 창조적 리더라면, 현상 유지보다는 비전을 만들고 나아가는 일을 더 가치 있게 여길 겁니다.

이와 더불어 '동기 부여'는 '실행'으로, '질서와 안정'은 '협력'으로 변화해야 해요. 급변하는 시대의 리더에게 요구되는 것은 이전 시대의 역량이 아닙니다. 이전까지는 방법을 모색하는 '노우 하우Know-how', 가치를 아는 '노우 왓Know-what', 누가 주도할 것인가 하는 '노우 후Know-who'를 파악하는 선에서 기존 구조를 지탱하거나 발전시키는 일이 가능했어요. 하지만 지금은 전혀 달라요. 그 단계를 넘어서야만 하지요.

오늘날 창조적 리더에게 필요한 것은 '지금-여기', 이 순간에 벌어지는 '리얼 라이프'의 상황 변화를 긴밀히 주시하는 날카로운 판단력입니다. 이렇게 '노우 웬Know-when'과 '노우 웨어Know-where'를 간파한 다음에는 변화의 필연성 곧 '노우 와이Know-why'를 찾아내야 해요. 이처럼 현재형의 변화에 대응하는 조직문화를 구성하고 공유할 줄 아는 사람, 그럼으로써 새로 나아갈 길을 꿈꾸는 사람, 그가 바로 '창조적 리더'입니다.

사실 변화의 시대에는 오히려 보수화되는 집단이 적지 않지요. 이전부터 수호해오던 조직의 관습과 고정관념이 '전통 수호', '정통성 확보'라는 명목으로 조직의 발목을 잡는 거예요. 그러나 이것은 모두 가짜입니다. 철책이 내려진 원숭이

울 안의 거짓 평화나 다름없어요. 그것은 만족이 아니라 자족이며, 지속 가능한 변화로부터 고개를 돌리는 우둔한 행태일 뿐이에요. 따라서 새 시대의 리더는 기존 문화를 전승하고 유지하는 관리자가 아니라, 오히려 그것을 파괴하고 새로운 문화를 만들어내는 창조적 파괴자가 되어야 합니다.

바로 이 창조적 파괴의 중요성을 다룬 것이 존 코터의 우화입니다. 원숭이가 펭귄으로 바뀌고 그 펭귄이 갈매기처럼 변신하는 이야기지요. 8마리 원숭이 이야기가 울 안 즉 이미 만들어진 체제 내에서 목적을 달성하는 방법을 이야기한다면, 코터의 이야기에선 '어떻게 탈출할 것인가', '변화를 어떻게 성공시키는가'가 그 핵심입니다.

덧붙여 말하면, 코터가 이 이야기를 우화 형식으로 쓴 이유는 단순히 계몽을 위해서가 아니에요. 바로 스토리텔링, 세미오시스로 과학기술이나 피시스의 한계를 극복하려 한 것이죠. 원숭이 이야기가 체제 안에서 힘을 발휘해 문제를 해결했다면, 펭귄 이야기에서는 이와 전혀 새로운 유형의 캐릭터들이 등장합니다. 즉 체제를 넘어 우리 밖으로 나가는 거예요. 이처럼 두 이야기는 체제 내적 변화와 체제 외적 변화를 그린다는 점에서 상반되는 면이 있습니다. 하지만 변화의 시대에 대처할 행동양식을 보여준다는 점에서, 이 둘은 한 이야기의 상·하편처럼 서로 맞물린다고 할 수 있죠.

인간, 벤처 동물

  창조적 행위자, 창조적 파괴자가 되라! 이 말을 듣기는 쉽
지만 직접 행하기는 또 다른 문제지요. 창조적 파괴를 이룬
예를 함께 보면서 길을 찾는 건 어떨까. 벤처 기업, 벤처 캐피
탈의 성립 과정이 재미난 모델이 될 거예요. 우리나라에서도
벤처 열풍이 불었습니다. 위험부담이 커서 잘되면 대박이지
만 잘되지 않으면 쪽박인 사업을 벤처라고 불렀지요. 한때는
좀 주춤했지만 지금도 테헤란로에는 '위험을 무릅쓰고 나아
가는' 벤처인들이 많이 있습니다.

  요즘 청년 실업이 심각하다고들 하잖아요. 그런데 만약 고
용되기를 기다리지 않고, 자신의 비전을 실행할 기회를 스스
로 만들어본다면 어떨까. 말하자면 벤처인이 되어보는 거예
요. 특별한 누군가만 되는 것이 아니지요. 원래 인간은 벤처
동물이니까요.

⊙ 여러분들이라면 어떡하겠어요? 벤처인이 되기 위해서 뭘
  할 수 있을까?

✳ 벤처인 하면 퍼뜩 떠오르는 사람이 마이크로소프트사의
  빌 게이츠Bill Gates예요. 또 애플의 스티브 잡스Steve Jobs도
  있지요. 그런데 이 둘은 모두 자기 일을 하기 위해 학교 문
  을 박차고 나갔잖아요.

그럼 모든 벤처인은 일단 학교를 중퇴해야 하나요?

◉ 물론 비전을 위해서라면 학업을 중단할 수도 있겠지. 하지만 그건 충분조건이 아니지요. 학업을 계속하면서 발전의 계기를 만든 사람들도 있거든. 가령 구글의 신화를 이룬 래리 페이지Larry Page와 세르게이 브린Sergey Brin은 스탠퍼드대학교 컴퓨터공학과 대학원생들이었어. 게다가 많은 돈을 들인 것도 아니야. 처음에는 여자친구의 차고를 빌려서 시작했거든.

✳ 그러니까 중요한 건 자기 일을 가졌다는 거지요. 다른 누구에게 의존하거나 기존 환경에서 버틴 것이 아니라요.
그럼 제 나름대로 비전을 가지고 벤처 기업을 차리는 게 어떨까 생각되네요. 가령 일인-ㅅ 기업 같은 것부터 말이에요.

그렇죠. 실제로 벤처 기업의 본산인 실리콘밸리Silicon Valley의 출발이 바로 그랬지요. 처음으로 벤처 기업, 벤처 캐피탈이 시작하고 본격화된 곳이죠. 실리콘밸리는 원래 살구나무와 벚꽃나무만이 무성했던 곳이었어요. 그곳을 원더랜드로 만든 것이 바로 이 밴처 캐피탈의 힘이었죠.

미국 동부에서는 있을 수 없는 일이에요. 말하자면 서부 활극이 이루어진 것이죠. 서부는 총잡이들, 히피들이 모이던 곳이지요. 뭔가 기존 질서에서 벗어난 사람들의 고장인 거예요. 보편적인 안목에서 보자면 루저들, 범법자들일지 몰라도 바로 그들에게서 오늘날 미국을 강력하게 주도해나가는 사람들이 나온 것이죠.

이 실리콘밸리의 인물들은 어땠나요. 말 그대로 산업주의를 '브레이크 스루'했지요. 그런데 그 배경에는 한 뛰어난 개인의 아이디어뿐 아니라, 투자자들의 과감한 지원이 있었어요.

선견지명이 필요하다

우리는 앞서 여러 번 벤처 기업에 대해 언급했는데, 사실 이 말을 본고장에서는 쓰지 않습니다. 대신 '벤처 캐피탈 Venture capital'이라는 말은 쓰죠. 은행이나 대규모 투자자가 '모 아니면 도'라는 식으로 막무가내 투자하는 것이 아니라, 고도의 기술력과 장래성은 있으나 투자기반이 약한 기업에 투자하는 방식을 가리키는 용어입니다. 이렇게 성공한 사례는 적지 않아요.

브레이크 스루Break Through
브레이크 스루란 진보, 전진, 지금까지 장벽이 있던 사건의 돌파를 의미하는 영어 단어다. 컴퓨터 업계에서는 개발 프로젝트 등에서 기술적으로 어려운 문제를 해결하여 프로젝트를 성공시키는 것을 가리킨다. 기존의 틀에서 벗어나서 새로운 곳으로 나아가는 것이다.

자유경쟁의 원리를 기초로 했던 미국 시장에서도 철저한 경쟁원리의 힘을 보여주는 것이 정보하이테크IT 산업입니다. 가령 지금은 힘을 잃었지만 세계 최고의 반도체 회사였던 인텔INTEL의 성장 과정이 바로 그렇죠. 인텔의 예는 미국문화의 경영방식을 그대로 잘 상징하는 것으로, 미국의 산업 혹은 앞으로의 IT 산업에서 어떤 모델이 성공할 것인지를 가늠하는 데 좋은 본보기가 됩니다.

인텔이 세계를 제패하는 기업으로 성장한 데는 MPU^{Micro Processor Unit}의 개발이 핵심적이었어요. MPU란 컴퓨터에서 모든 것을 움직이게 하는 두뇌로, 인텔은 바로 이런 최첨단의 두뇌를 만들어낸 회사죠. 그 슬로건인 'Intel Inside(인텔이 이 안에 있다)'처럼, 인텔의 MPU가 거의 모든 컴퓨터 속에 내장되어 있는 거예요. 한때 마이크로소프트와 윈도우가 실질적 표준이 되었을 때는 'Wintel^{Window+Intel}'이라고까지 말했을 정도였지요. 그만큼 이 두 기업이 IT의 기반을 닦고 산업을

실질적 표준 De facto standard
'실질적 표준'이란 사실상의 표준을 가리키는 용어다. 어떤 제품이나 물질이 최초로 개발되거나 발견되면 그것이 파급되어 실질적인 표준을 이룬다는 것을 말한다. 실질적 표준은 무엇보다 시장 선점이 중요하다. 표준화 기관에서 정한 규격이 아니라 시장에서 경쟁을 통해 채택되어 결과적으로 표준화된 기준을 말하기 때문이다. 기술력의 차이는 별 의미가 없다. 대표적인 예로는 마이크로소프트사의 윈도우가 있다.

인도해갔으며, 그 점유율은 전 세계에서 80퍼센트에 이를 정도였어요. 특히 전성기인 1995년도의 매상은 162억 달러로, 전년도에 비해 41퍼센트가 청약된 수치였습니다. 또한 당시의 순이익은 36억 달러로서 전년도에 비해 56퍼센트가 증가했으며, 그 매상고의 이익은 경이적으로 22퍼센트를 기록하죠. 보통 미국 기업의 평균 매상고 이익률이 5퍼센트, 일본의 경우엔 1퍼센트에 불과함을 감안한다면 실로 대단한 수치가 아닐 수 없지요.

인텔의 이러한 성장 과정은 제조업 분야와 비교되지 않습니다. 그런데 종업원 수가 4만 7,000명에 이를 정도로 성장한 인텔의 초창기 인력은 겨우 2명이었어요. 로버트 노이스Robert N. Noyce와 고든 무어Gordon E. Moore가 주축이 되어 인텔을 세웠지요. 그런데 이들은 노벨상 수상자로 뛰어난 물리학자였던 쇼클리William B. Shockley의 반도체 연구소에서 뛰쳐나온, 일명 '8명의 배반자들'의 일원이었어요. 그런데 8명이라, 어쩐지 의미심장합니다. 우리 속 원숭이 수와 같잖아요. 이 머리 좋은 몇 사람의 기술자 집단이 이 엄청난 성공을 일궈낸 겁니다. 이들이 인텔을 키워낸 여정은 그야말로 '아메리칸 드림'의 실현 과정이었어요. 또한 이 사례는 자기 책임 하의 경쟁에서 이기는 자유시장의 큰 특색이 긍정적으로 발현된 경우이기도 합니다.

인텔의 성장에는 아서 록Arthur Rook이라는 인물의 역할을

'벤처 캐피탈리스트'의 대표적 인물로 소개된 아서 록 타임지 표지

빼놓을 수 없어요. 그가 자본을 출자해서 경영의 노하우를 가르쳐주었던 겁니다. 록은 미국 '벤처 캐피탈의 아버지'라고 불릴 정도로 벤처 기업의 본산지인 캘리포니아에서 대활약을 했던 인물이에요. 이런 록이 처음에 이 8명의 젊은이들을 알아보았고, 이후 다시금 독립해서 인텔을 세운 2명에게 경영 노하우를 전수했던 것이죠.

록이 어떻게 해서 처음 이들에게 투자하게 되었는가. 8명의 이 젊은 기술자들을 처음 보았을 때, 록은 이들의 머리가 아주 명석하다는 강렬한 인상을 받았다고 해요. 담보물이나 보증인이 아니라 사람을 보고 투자했던 것이죠. 이처럼 인텔이 이렇게까지 성장할 수 있었던 배경에는 혼자만의 아이디어나 뛰어난 기술만이 아니라, 그 주변에서 선견지명을 가지고 투자해주었던 이들이 있었습니다. 그러나 일본이나 한국에는 이러한 벤처 캐피탈, 말하자면 투자자들이 은행이 아니라 한 개인으로서 판단해서 투자할 수 있는 환경이 마련되지 못했지요. 그래서 벤처 산업이 더디게 출현하고, 그 규모나 숫자에서도 미국에 비해선 다소 약한 점이 있지요.

8명의 젊은이들이 각자 자신의 창조성을 살릴 만한 마땅한 취직자리를 고심하고 있을 때, 록은 따로따로가 아니라 함께 일할 수 있도록 그들 자신의 회사를 만들 것을 권고했습니다. 이른바 '광야의 무법자' 같은 8명의 떠돌이들을 한 곳에 모이도록, 그 자신의 꿈을 다른 이가 마련해놓은 환경이 아니라 스스로 성취할 수 있는 환경을 만들도록 조언했던 것이죠. 그 일환으로 록은 대기업인 페어차일드Fairchild 사社에 이들을 소개해주었어요. 다행히 페어차일드 측에서도 반가운 빛을 내비쳤지요. 길게 설득할 필요도 없이, 사측은 이 이름 없는 젊은이들을 원조하는 일이 얼마나 멋지고 필요한 것인가에 통감해왔습니다. 록이 첫눈에 알아보았던 것처럼, 이 여덟 젊은이들의 미래를 페어차일드는 꿰뚫어보았던 것이죠. 그래서 일반적인 계약서를 내미는 대신, 특수 계약서를 작성했지요. 이들을 자사에 고용하는 것이 아니라 별도의 연구소를 차려주기로 했어요. 게다가 아무런 조건 없이 투자하되, 훗날 이익이 생기면 투자금은 주식으로 돌려받는다는 것이었죠. 물론 결과는 대성공이었습니다. 다만 여기서 문제가 발생하지요. 페어차일드가 수많은 주식을 보유하는 대주주가 되자, 상황이 다소 압박적으로 변했던 거지요. 그러자 8명의 젊은이들은 다시금 서슴없이 그 연구소 문을 박차고 나옵니다. 그렇게 해서 노이스와 무어가 인텔을 세웁니다.

그 때문에 내가 늘 얘기하는 것이지만 단지 제갈공명이 위대한 것이 아니라, 이 개성 넘치는 인물을 찾아내어 그를 장비나 관운장 같은 장군들의 수하에 맡김으로써 이 세 사람이 서로의 결점은 보완하고 장점을 살리도록 한 유비의 위대함을 간과해서는 안 됩니다. 바로 이 유비가 이들에게 현덕의 꿈을 나누어주었어요. 이것이 바로 리더의 조건입니다. 모든 리더가 반드시 창조적일 필요는 없어요. 인재를 알아보고 그를 적재적소에 넣어 조화롭게 일하도록 하는 것, 이러한 선견지명과 과감한 실행력이 아주 중요하지요.

록의 선견지명과 페어차일드의 원조에 힘입어, 그렇게 세계 최초로 벤처 캐피탈이 탄생하고 벤처 기업이 생겨났습니다. 말하자면 벤처 캐피탈과 벤처 기업의 관계는 바늘과 실의 관계와 같아요. 이런 식으로 하나둘 성장한 벤처기업들은 미국 경제의 활력에 하나의 화살표가 되었어요. 정치가가 앞장서 이끈 것도 아니고, 시인이나 다른 예술가들이 그러한 꿈과 영감을 불어넣은 것도 아니지요. 스스로 창업을 하고자 하는 벤처 정신, 그리고 그 정신을 다시 불러일으키는 밑받침으로서의 시장경제, 그리고 이 둘을 바탕으로 자유경쟁을 원칙으로 개개인의 꿈을 되살리려는 노력이 오늘의 아메리칸 드림을 실현했습니다.

브레이크 스루, 개척하라

8명의 젊은이들과 인텔의 성장 과정, 무법자들의 땅인 서부에 세워진 실리콘밸리뿐 아니라 사실 미국 자체가 프론티어들의 땅이지요. 그 조상들이 영국에서 '탈출'한 사람들이니까요. 그들이 고국을 떠나기까지는 엄청난 리스크가 있었어요. 메이플라워호를 타고 미국 땅으로 들어오기까지 그들은 이루 말할 수 없는 처참한 고통의 시간을 겪어야 했어요. 물도, 음식도 부족했고 치료할 약도 없었지요. 노약자들은 하루가 다르게 죽어갔어요. 마침내 살아남은 것은 강건한 어른들과 젊은이들뿐이었지요. 그렇게 목숨을 걸고 개척했던 거지요. 이후 서부로 온 사람들도 마찬가지였죠. 금맥을 찾으려던 이들, 히피들, 실리콘밸리의 주역이 되었던 과감한 도전자들. 바로 이들의 신화가 특별한 것이지요.

지금은 옛날만 못하다고는 하나, 여전히 살아남아 시장을 이끌고 있는 이러한 벤처 정신은 미국 자본주의의 큰 장점이에요. 그러한 경쟁원리가 세 세대의 콜럼버스를 만들어내고 새로운 신대륙을 만들어내기에 미국은 끝없이 발견되는 나라, 모험의 나라로서 사람들의 머릿속에 각인될 수 있었어요. 특히 이런 벤처 정신의 발현, 벤처 캐피탈, 벤처 기업의 본산이 미국의 동부가 아니라 서부 캘리포니아에 있다는 점에 주목해야 합니다. 지리적으로 미국 동부는 유럽에 가까울 뿐 아니라 최초로 미국 땅에 건너온 개척자들의 땅이기에, 대단히 보수적이며 성공의 현상 유지에 힘쓰려는 성향이 강해요. 초기의 개척자들이 뿌리내린 후에는 현상 유지에 힘쓰게 된 것이죠. 온갖 고난을 겪고서 자리를 잡았으니 나름의 질서, 노모스를 갖춘 채로 하나의 사회를 이루는 가치를 높였던 거예요. 그래서 대개 뉴욕에 본거지를 둔 기업들은 벤처 기업이기보다는 이미 성공한 큰 투자자이거나 혹은 벤처 캐피탈이 아니라 조심스레 자금을 다루려는 월 스트리트Wall Street의 증권사, 은행 등이죠.

하지만 서부는 좀 달라요. 서부극에서 권총 하나만 차고 사막을 노니는 무법자들, 또는 일확천금의 꿈에 부풀어 서부로 온 일명 '포티나이너스(49)'의 고장인 캘리포니아에는 개척지의 부푼 정신이 깃들어 있지요. 무언가 만들어져 이미 고착된 사회가 아니라 앞으로 만들어갈 수 있는 꿈의 공백, 그러한 여백이 있는 겁니다. 그러기에 바로 이곳에서 정보화 사회를 이끌어가는 캘리포니아의 신화가 생겨나고, 우리가 실리콘밸리라고 부르는 장소가 탄생할 수 있었어요.

여전히 미국 경제는 서부보다는 동부에 집중되어 있지만, 서부에서 새롭고도 중요한 산업이 발달한 까닭은 반드시 돌아볼 필요가 있어요. 바로 벤처 캐피탈의 모험정신, 개척정신의 증거가 아니겠는가. 보통의 증권회사에서 이러한 벤처 캐피탈이나 고객 투자자들이 나올 수 없는 이유는 간단합니다. 즉 증권 투자는 100퍼센트 그 정보를 선공개해야 해요. 그러나 벤처의 투자 대상이라면 좀 다르죠. 산업의 특성상 언제나 새로운 제품을 다루기 때문에 기본적으로 남들에게는 비밀로 할 만한 기술, 특허품이 투자의 대상이 됩니다. 따라서 이 경우엔 필연적으로 정보 공개가 어려울 수밖에 없고, 증권 투자와는 다른 투자방식 즉 벤처 캐피탈이 요구됩니다.

　이미 공개된 정보를 대상으로 투자하느냐 혹은 미지의 것, 오리무중의 상태에서 꿈을 찾느냐 하는 이러한 차이. 그래서 벤처기업에 투자하는 사람을 일컬어 '엔젤Angel'이라고 불러요. 실제로는 천사가 아니라 악마일 수 있겠지만 말이죠.

　자, 우리는 두 가지 모험을 보았어요. 석가의 모험 그리고 벤처인들과 프론티어들의 모험이 그렇지요. 이들의 모험은 서로 좀 다릅니다. 기존의 무언가를 다 파하고 나아간다는 점은 같지만, 석존이 정신의 모험을 했다면 후자들은 눈에 보이는 실질적인 성과를 결국엔 보여야 했지요. 우리의 벤처, 탈출을 위해서는 이 두 가지 모험의 가르침을 균형감 있게 흡수해야 합니다. 그렇게 벤처 허들을 넘으면 새 길을 찾게 되는 것이지요.

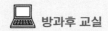

윌리엄 쇼클리William B. Shockley, 1910~1989

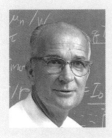

노벨 물리학상 수상자인 윌리엄 쇼클리는 트랜지스터의 발명자로서 빛나는 아이디어와 뛰어난 실행력을 지닌 물리학자로 널리 알려져 있다. 더불어 괴팍한 성격과 차별성 발언을 서슴지 않은 것으로도 유명하다. 그는 아이큐가 사람의 능력을 결정하는 중요한 기준이 된다고 생각했고, 아이큐 100 이하에겐 불임수술을 시행해야 하며 천재들의 유전자는 특별히 보호해야 한다고 주장했다. 또 자신의 비서가 손가락을 다친 것을 확대해석해서 누군가 자신을 독살하려 한다고 날뛰며 동료들에게 거짓말 탐지기 검사를 요구한 적도 있다. 이러니 주변인들의 평가가 좋았을 리 없었다. 실제로 쇼클리가 원래 몸담고 있던 벨연구소를 떠나 베크만Beckman 사社의 반도체 연구소로 자리를 옮기려 할 때, 그를 따라나선 이는 아무도 없었다.

기존의 팀원을 모두 잃었지만 쇼클리는 낙담하지 않았다. 대신 새로운 환경에서 더불어 일할 인재를 찾아 나섰다. 그렇게 해서 뽑힌 이들이 바로 이 8명의 배신자를 비롯한 일군의 젊은이들이었다. 그러나 독재적일 만큼 일방적인 그의 리더십에 회의를 느끼는 이들이 점차 늘어났다. 쇼클리에게 창조성과 도전정신은 있을지 몰라도, 타인과 융화하고 조화를 이루는 능력은 없었던 것이다. 어느새 쇼클리 자신의 생각과 행동은 다른 이들을 옭아매는 법칙, 노모스가 되어버렸다. 말하자면 독재자 우두머리, 울 안팎의 감시자가 된 것이다.

상황이 이리되자 쇼클리 아래서 일하던 연구원들은 고민에 빠졌다. 자유가 봉쇄된 환경은 감옥이나 다름없었다. 급기야 쇼클리의 연구소에서 가장 중요한 역할을 맡고 있던 최중요 연구원 8명이 이탈을 선언한다. 물론 이 사태에 쇼클리는 분노를 금치 않았고, 이들을 '8명의 배신자들'이라고 부르면서 맹비난했다.

탈출

원숭이들이 실험용 우리 안에 갇혀 있다면 펭귄은 빙산의 벽에 갇혀 있는 것입니다. 그런데 그들은 자신이 원숭이들처럼 갇힌 줄도 모르고 물속의 고기만 잡는 것으로 불평 없이 살아왔습니다. 그런데 이 빙산이 얼어서 폭발하고 만다면 어떻게 될까요? 버리고 떠나야 합니다. 탈출만이 곧 살길이지만, 펭귄은 너무나 오랫동안 날개가 퇴화될 정도로 한 곳의 얼음덩어리에 운명을 맡기고 살아왔습니다. 탈출을 꿈꾸는 원숭이는 바로 이 빙산의 펭귄에서 자신의 행동과 운명을 보아야 합니다. 탈출하려는 원숭이들은 펭귄 모델을 놓고 열심히 학습해야 하는 것입니다.

원숭이에서 펭귄으로

　지금까지 우리는 열심히 벤처 허들을 넘어왔어요. 온갖 위험을 무릅쓰고 나아가는 일의 중요성을 알게 된 겁니다. 창조적 행위자, 창조적 파괴가 필요한 시점임을 깨닫게 된 것이죠.

　그러나 이렇게 리스크를 감당하기란 만만한 일이 아닙니다. 이 점은 벤처 산업에서도 마찬가지예요. 천 개를 만들면 그중 한두 개가 살아남는 격이니까. 말하자면 러시안룰렛 같은 거죠. 노력만으로 성패를 알 수 있는 것도 아닙니다. 노력만큼 운도 필요하죠. 그래서 벤처 회사에는 보통 스톡옵션 제도가 도입되지요. 그런데 그 결과가 그리 좋지만은 않아요. 벤처가 성공하면 주식으로 돈을 버는, 그래서 그 회사의 청소부마저도 돈방석에 오르는 시스템이 고착되어서 변질되고 마는 사태가 벌어진 겁니다. 계속해서 벤처 정신을 실천하기보다는, 한 번의 성공으로 특허를 만들어서 그것을 기회 삼아 돈을 벌려는 이들이 늘어난 것이죠. 그러니 창조자들보다 변호사가 더 많아질 수밖에요.

　이제 실리콘밸리는 벤처의 고장이 아니라 변호사의 천국이 되었어요. 소송의 홍수가 난 거예요. 더욱이 첨단기술을 다루는 곳이다 보니 누가 먼저 개발했는지를 두고 다투기 일쑤죠. 그렇게 벤처 정신은 저 멀리 사라지고 잿밥에만 관심을 기울이는 사태가 오고 만 겁니다.

비단 벤처 산업계뿐 아니라 이 사회도 마찬가지입니다. 세계경제의 흐름이 변하고, 정치와 사회의 판도도 나날이 급변하고 있어요. 이런 상황을 어떻게 타개해야 할까요. 누가 이 홍수를 이겨낼 방주를 만들 수 있을까요. 우리는 또 하나의 영웅을 기다려야 할까요? 또 한 번 벤처 정신의 순수한 회귀를 기대해야 할까요? 그것도 아니면 러시안룰렛 판을 크게 벌여서 진탕 벌어들이기를 손꼽아야 할까. 아니, 시대가 달라졌으니 방법도 달라져야 합니다. 합리적으로 생각하고 조정하는 방안이 필요해요. 제임스 딘이 출연한 청춘 영화에서 벌이는 치킨 게임, 낭떠러지 앞에서 누가 먼저 차를 세우는가 하는, 생명을 걸고 무모하리만큼 돌진하는 일은 더 이상 흥겹지만은 않습니다.

자, 이번 허들의 숙제가 바로 이런 사태를 타개할 방안 찾기입니다. 물론 구체적인 변화의 지도가 주어지는 건 아니죠. 전환을 위한 힌트를 찾아야 해요. 앞서 존 코터의 이론을 잠시 언급했지요? 바로 이 코터의 펭귄 이야기가 실마리가 됩니다. 코터는 원래 기업의 변혁을 위해서 이 글을 썼거든요. 리스크를 줄이면서 새로운 공간으로 가는 일에 대한 이야기죠.

원숭이에서 이제는 펭귄이라. 좀 동떨어진 것도 같아요. 그런데 가만히 보면 원숭이와 펭귄은 서로 닮았지요. 생태적으로 좁은 데서 살고, 두 다리로 걷고. 울 안에 머무는 원숭이나 빙산에서 평생을 머물러야 하는 펭귄이나 서로 비슷하다는 거지요. 탈출이 필요한 상황이 언제 닥칠지 모른다는 어떤 절박함이 있다는 겁니다.

우리를 탈출한 원숭이들, 벤처 원숭이들이 무사히 숲까지 가려면 하나의 아날로지가 필요하지요. 이렇게 8마리 원숭이 이야기는 존 코터의 이야기로 바뀌어갑니다.

코터의 펭귄 이야기

"옛날 옛적에"로 시작되는 코터의 펭귄 이야기는 원숭이가 탈출하여 새로운 꿈의 공간을 찾아가는 데 필요한 자습서요 해도입니다. 펭귄들에게 원숭이 우리는 오랫동안 살아온 빙산입니다. 수천 년 그들은 하나의 빙산에서 살아왔고 한 곳에 정주하다 보니 이동할 필요가 없어서 날개는 퇴화하고 말죠. 새는 새지만 뒤뚱거리며 두 발로 걸어 다니는 우스꽝스러운 존재가 된 겁니다. 펭귄 역시 두 발로 걸어 다니기 때문에 새이면서도 인간과 비슷한 존재로 비유되곤 하지요. 그래서인지 펭귄은 참으로 우리와 멀리 떨어져 있는데도 참 가깝게 느껴져요.

원숭이들이 실험용 우리 안에 갇혀 있다면, 펭귄은 빙산의 벽에 갇혀 있는 겁니다. 그런데 그들은 자신이 원숭이들처럼 갇힌 줄도 모르고 물속의 고기만 잡는 것으로 불평 없이 살아왔지요. 그런데 이 빙산이 얼어서 폭발하고 만다면 어떻게 되겠습니까.

버리고 떠나야 합니다. 탈출만이 곧 살길이지만, 펭귄은 너무나 오랫동안 날개가 퇴화될 정도로 한 곳의 얼음덩어리에 운명을 맡기고 살아온 것이지요. 탈출을 꿈꾸는 원숭이는 바로 이 빙산의 펭귄에서 자신의 행동과 운명을 보아야 할 겁니다. 이렇게 해서 샤인의 캐릭터 앵커는 존 코터의 펭귄 이야기로 발전되고, 탈출하려는 원숭이들은 펭귄 모델을 놓고 열심히 학습을 해야 하는 것이죠.

바로 여러분들 말입니다. 이 펭귄 허들을 넘어야 원숭이들의 탈출은 단순한 꿈이 아니라 현실이 될 것입니다.

위기의 펭귄은 녹고 있는 빙산으로 시선을 옮겨 무슨 일이 어떻게 벌어지고 있는가. 어떻게 그 빙산 탈출이 가능한 것인가. 이야기를 따르면서 생각해봅시다.

펭귄들이 사는 남극의 빙하 마을Colony은 아주 추운 곳이기에 천적이 없습니다. 그리고 언제고 물속으로 들어가면 맛있는 먹잇감도 그득하지요. 그런데 이 편안하고 안전했던 빙산 아래에 큰 구멍이 나고, 그 안에 물이 차서 겨울이 되면 거대한 균열이 발생하며 폭발하게 된다는 겁니다. 침몰할 위기에 놓여 있거든요. 삶의 터전 자체가 위협이 되는 무서운 상황이 벌어진 거예요. 말하자면 원숭이 우리가 무너질 지경이 된 셈이지요. 그럼에도 이 마을에 사는 268마리의 펭귄 주민 가운데 근심하는 펭귄은 없습니다.

원숭이 이야기에서 변화란 규율에 저항하는 이단자, 도전자들에 의해 규율이 깨지는 데서 시작됐지요. 그러나 펭귄 마을에선 좀 다릅니다. 문제를 발견하고 근심하는 것은 반항아나 이단아가 아니라 관찰을 좋아하는 창조적 상상력의 소유자 프레드입니다. 그는 매우 유순하고 침착한 성격입니다. 다른 펭귄들은 먹이를 잡는 데만 정신이 팔려 위기가 온다고 해도 믿지 않지만, 프레드는 현 상황의 위험성을 알리기 위해 고군분투합니다.

주위의 무관심에도 프레드는 포기하지 않습니다. 오히려 주위의 펭귄 하나하나를 설득하고 다니죠. 또한 지위보다 능력을 중요시하며 공격적이나 강인하고 치밀하게 일을 처리하는 실천가 앨리스와 협력해서 온 마을의 펭귄들에게 위기 상황을 알리려고 합니다. 그뿐만 아니라 보이지 않는 위험을 보여주려고 직접 실험을 벌이기도 합니다. 즉 물을 담은 물병을 얼려 폭발시키는 실험을 통해 위험 상황을 간접 체험하도록 하는 것이지요.

오랫동안 빙산에 붙박여 살아온 펭귄 주민들은 빙산을 떠나 다른 장소로 이주하는 데 거부감을 갖고 있습니다. 사실 누구라도 그렇겠지요. 실험 결과는 그렇다 치고 어쨌든 눈앞에 위험 요소가 보이지도 않는 이 마당에, 정든 고향을 떠나 어디로든 가야 한다니, 기가 막히지 않겠어요. 상황이 이런지라 프레드는 타개책을 찾고자 고심합니다. 그러다 한 가지 아이디어를 발견합니다. 즉 자기와 뜻을 같이하는 리더 그룹을 먼저 만들어야 사람들을 설득하고 따라오게 할 수 있으리라 생각한 거지요. 다행히 그의 생각에 동조하는 다섯 펭귄이 앞장섭니다. 그러고는 마침내 모든 방해를 뿌리치고 안전한 새 빙산을 찾아 나설 젊은 펭귄 집단을 만들게 되지요.

재미난 사실은 코터 교수가 제시한 유형 역시 모두 8가지라는 점입니다. 원숭이 이야기에서도, 샤인의 경력 닻에서도 모두 8이 등장했듯이 말예요. 어때요, 세상을 설명하는 데는 8분법이 매우 유용한 틀임을 다시 한 번 확인할 수 있겠죠.

새로운 시대의 구성원─존 코터의 펭귄들

❶ 창조적 상상력의 소유자 프레드   호기심이 많고 관찰력과 창의력이 뛰어나다. 친구들과 놀기보다 혼자서 다양한 관점으로 빙산을 바라보며 변화상을 관찰하길 좋아한다. 그 덕분에 집단에 찾아온 위기를 가장 먼저 발견하게 된다. 관찰 결과는 체계적으로 정리하는 습관이 있으며, 아이디어도 풍부하다. 또한 필요한 경우에는 위험이나 반대를 무릅쓰려는 용기도 갖췄다.

❷ 강력한 실천가 앨리스   펭귄 집단의 대표 모임인 '리더십 평의회'의 10명 회원 중 하나로, 창조적 상상력을 가진 프레드에게

위기에 대한 이야기를 가장 먼저 전해 듣는다. 지위보다 능력을 중요하게 생각하는 탈권위적 리더이며, 옳다고 생각하는 일은 강력하게 관철시키는 힘이 있다. 프레드의 든든한 지지자이자 멘토 역할을 한다.

❸펭귄 부족의 리더 루이스 회장 경험이 많고 차분한 루이스 회장은 가끔씩 보수적 성향을 보이나, 위기나 갈등 상황에서 쉽게 당황하지 않을 만큼 듬직한 면모를 갖추었다. 일단 위기 상황이라고 판단한 후에는 비전을 제시하여 모든 펭귄들이 협동할 수 있도록 이끈다. 또한 반대론자들의 반발이나 구성원들 간의 분열과 갈등에도 흔들리지 않고 구성원 전체에게 끝까지 비전을 보여준다.

❹펭귄 선생 조던 원숭이 사회에선 규율을 유지하기 위해 폭력을 통한 처벌을 썼지만, 펭귄 부족에게는 교육자 역할을 하는 조던 선생이 있다. 조던은 뛰어난 분석력과 논리로 문제의 본질을 파고들어 새로 발견한 사실들을 다른 이들에게 설득력 있게 전달한다.

❺인간적인 스토리텔러 버디 신뢰와 친화력을 바탕으로 구성원들을 아우르는 역할을 한다. 특히 그는 스토리텔러로서 상심한 이들을 위로하고, 억압받는 자를 격려하며, 흥분한 자를 진정시킨다. 또한 집단의 모든 구성원이 각자의 역할을 자랑스러워할 수 있게 도와주며 두려움을 덜어준다.

❻숨은 일꾼 아만다 리더 그룹에서 가장 성실한 일꾼인 아만

다는 루이스 회장이 제시한 비전에 대한 확고한 믿음을 잃지 않는다. 이 비전을 현실화하기 위해 하루 14시간을 일하며 열정적으로 노력하지만, 비전에 대한 반론이나 부정적인 여론에 쉽게 의기소침해지는 소심함이 약점이다.

❼작은 영웅 샐리 앤 유치원생이지만 새롭고 창조적인 아이디어로 집단의 오랜 전통을 깨는 역할을 한다. 두려움이나 불안에 떨고 있는 구성원들에게 비전과는 성격이 다른 꿈의 씨앗을 뿌리고 새로운 세대들이 전면에 나설 수 있도록 돕는다.

❽무조건 반대자 노노 집단 내의 가장 강력한 변화 거부자다. 다른 펭귄들의 의견에 무조건 "노, 노!no, no!"를 외친다고 해서 이름이 노노라는 말이 있을 정도다. 노노는 프레드의 새로운 관찰 결과를 받아들이지도 못하며 그에 대한 해결책으로 다른 빙산으로 이동하자는 의견에도 이의를 제기한다.

이 여덟 유형 가운데 리더 그룹은 프레드와 다음의 네 캐릭터로 구성됩니다. 분석력과 논리력으로 문제의 본질을 파악하려는 교육자 타입의 '조던', 훌륭한 스토리텔러로서 상심한 자를 위로하고 광분하는 자를 진정시키는 인간적인 성격의 '버디', 비전에 대한 확고한 신념으로 하루 14시간씩 일하는 강한 의지의 일꾼 아만다, 보수적이지만 빙산에서 이주하는 과정에서 어려운 고비마다 비전을 제시하며 펭귄들의 협동을 이끌어내는 리더 루이스 회장. 어때요, 원숭이들과는 또 다른 새로운 캐릭터들이지요.

물론 변화 거부자 노노 같은 이들의 반대와 거부도 만만치 않습니다. 펭귄 마을의 기상 통보관인 노노는 태어나서 가장 먼저 한 이야기가 엄마나 아빠가 아닌 '노노'였다고 해서 '노노'라는 이름이 붙여졌답니다. 그만큼 태생적으로 변화를 싫어하는 인물이죠. 이런 사람들은 어느 집단에나 있게 마련이에요. 샤인의 경력 닻에서 보자면 '안정형Security/Stability, SE'에 가장 가까운 타입이지요.

이처럼 안정된 집단 안에서 바나나를 따는 원숭이들의 리더십, 그리고 급격히 변화하는 집단 안에서의 펭귄 리더십을 살피노라면 공통점과 차이점을 발견할 수 있습니다. 가령 원숭이 팀에서 전문 역량을 가진 뽐냄이는 펭귄 팀에서 창조적 상상력의 소유자 프레드인 것도 같고, 강력한 실천가 엘리스인 것도 같군요. 기업가적 창조성의 기획이와 경영관리에 뛰어난 경영이는 펭귄 팀에서 리더 루이스나 일꾼 아만다일 것도 같아요. 새롭게 도전하는 도전이는 창조적 아이디어를 가진 샐리 앤과 유사하죠? 보장과 안전을 원하는 안정이는 펭귄 팀에서 모든 변화를 반대하는 노노 같습니다.

또한 사회교육과 공헌을 중시하는 공헌이는 펭귄 팀에서 선생 조던과 스토리텔러 버디와 공통점이 있군요. 그런데 안정과 조화를 좋아하는 조정이의 특성을 가진 이가 펭귄 팀에서는 눈에 띄지 않지요. 안정된 사회환경이라면 안정이의 역

8마리 원숭이	코터의 8유형
기업가 창조형 창돌이	창조적 상상력의 소유자 프레드
자율 독립형 자율이	강력한 실천가 앨리스
전반 관리형 경영이	펭귄 부족의 리더 루이스 회장
생활 조화형 조정이	펭귄 선생 조던
안전 보장형 안정이	인간적인 스토리텔러 버디
봉사 사회 공헌형 공헌이	숨은 일꾼 아만다
순수한 도전형 도전이	작은 영웅 샐리 앤
전문 직능형 뽐냄이	무조건 반대자 노노

8마리 원숭이 캐릭터와 코터의 8유형

할이 중요하겠지만, 급변하는 사회에서는 새로운 사실을 발견하고 실천하고 교육하는 일이 가장 중요하기에 그런 것이 아닐까.

창조적 상상력으로 날아오르라

코터의 펭귄 이야기는 단지 상황을 극복하는 데 머물지 않고 현재의 패러다임 자체를 바꿔버립니다. 사실 전통에는 아주 강력한 힘이 있기 때문에 금기와 터부, 편견 등으로 에워싼 보이지 않는 틀 안에서만 문제를 해결하려 들면 실패하기 십상이에요. 그래서 미래로 한 걸음 나아간 것 같지만, 자세히 보면 제자리인 경우가 많아요.

하지만 코터의 펭귄들은 다릅니다. 주변의 존재로부터 다른 삶의 방식을 보고 배우며, 서식지 바깥에 더 나은 세상이 있다는 창조적 상상력을 발휘하지요. 더욱이 펭귄들은 문제를 해결할 뿐 아니라, 그 변화 과정의 역동성을 조직을 모으고 단결시키는 힘으로 바꿨습니다. 말하자면 자기 서식지 안에서만 종종거리던 펭귄들에게 날개를 달아준 셈이죠.

펭귄 문화에서 갈매기 문화로

코터는 집단문화의 변화와 창조 과정을 "우리가 보고, 우리가 느끼고, 우리가 변화We see, we feel, we change"하는 생생한 삶의 담론으로 보여줍니다. 펭귄들이 한 빙산에서만 살아온 정주형 문화를 벗어나 노마드형 갈매기 문화로 바뀌가는 이 과정은 총 8단계로 나눠져요. 이를 일컬어 '변화관리 8단계 모델'이라고 하지요. 또한 맨 앞의 두 단계는 '준비기Set the Stage'로, 이후의 6단계는 '결정기Decide What to Do'로 부릅니다.

이제 그 단계를 하나하나 들여다볼까요. 원숭이 이야기에서 그랬듯, 이 과정에서도 우리의 모습을 발견할 수 있을 겁니다. 다만 본격적인 변화단계에 들어가기에 앞서, 펭귄들이 문제의식을 지니게 되는 변화 전前 2단계를 먼저 살펴야 합니다.

변화 전 ❶ 창조적 상상력으로 위험을 감지하다

코터의 이야기에서 문제를 감지하는 펭귄 프레드는 똑똑하거나 리더십 있는 캐릭터가 아닙니다. 오히려 소심하고 조용하며 정적인 편이지요. 대신 프레드는 호기심이 많고 관찰력이 뛰어난 펭귄입니다. 그래서 친구들과 어울려 놀기보다 혼자서 빙하를 살펴보다가 위기가 닥쳐오고 있음을 알아차리죠. 이렇게 프레드는 관찰한 결과를 정리하는 데 성공하지만, 실행력이 약하고 친구들에게 신뢰를 얻을 방법을 알지 못해서 가슴앓이를 합니다.

변화 전 ❷ 위기 상황을 전달할 신뢰받는 실행자를 구하다

매일 빙하나 들여다보는 외톨이 프레드의 말에 귀 기울여줄 이는 별로 없습니다. 그래서 고민 끝에 프레드는 믿음직한 친구인 앨리스를 찾아가죠. 물론 앨리스도 당장 프레드의 말을 믿지는 않지만, 최소한 그의 의견을 무시해버리지는 않습니다. 성실한 상담자인 앨리스는 프레드의 메시지를 직접 확인하겠다면서 프레드를 따라 바닷속으로 들어가고, 그곳에서 빙산 아래에 동굴처럼 뚫린 커다란 구멍을 확인합니다. 날씨가 따뜻한 지금은 괜찮겠지만 점차 추위가 몰려오면 그 동굴 속에서 찰랑이던 물이 얼면서 부피가 커져 빙하가 폭발하게 될 거예요. 이런 프레드의 주장에 앨리스는 공감합니다.

이렇게 해서 앨리스는 프레드에게 강력한 힘이 됩니다. 그리고 상반된 성격의 두 사람이 힘을 합하자, 이후로 본격적인 탈출 8단계가 시작되지요.

준비기 ❶ 첫 번째, 위기를 실험으로 확인시키다

앨리스가 펭귄들 사이에서 신망이 두터운 건 사실이지만, 겉으로 드러나지 않는 위기의 징후를 모두에게 설득하기는 어렵습니다. 그래서 앨리스는 리더십 평의회를 소집하면서 아주 특별한 프레젠테이션을 준비합니다. 유리병에 물을 담아 얼렸을 때, 그 유리병이 어떻게 되는지를 직접 보여주자는 거죠. 그를 통해서 지금 이 빙하 밑 바닷속에서 어떤 일이 벌어지는지, 그것이 얼마나 큰 위협이 될지 직접 확인시키려 합니다. 이처럼 변화의 첫걸음은 '위기를 감지하는 감각을 높이는 단계Create a Sense of Urgency'에서부터 시작됩니다. 즉 상황을 눈으로 직접 확인시키면서 문제의식을 고취하는 것이죠.

하지만 이런 앨리스와 프레드의 노력에도, 몇몇은 고집불통입니다. 이들은 두 펭귄의 말을 철저히 무시하면서 전혀 받아들이려 하지 않습니다.

준비기 ❷ 두 번째, 위기에 대응할 혁신 팀을 구성하다

위기의 징후는 확인되었습니다. 몇몇 반대자가 있긴 하지만, 실험을 통해 위기를 확인한 마당에 그저 초연해할 펭귄은 없습니다. 이제 펭귄들은 위기에 대응할 혁신 팀을 꾸리기로 합니다. 팀원들은 서로 다른 배경과 성격을 가진 펭귄들이죠. 경험 많고 차분하며 보수적인 루이스 회장, 실리적이고 공격적인 실행가 앨리스, 잘생기고 화술이 뛰어난 버디, 관찰력과 창의력이 뛰어난 프레드, 논리적이고 아는 게 많은 조던까지. 보수적인 펭귄과 혁신적인 펭귄, 똑똑한 펭귄과 말 잘하는 펭귄이 한 팀이 되었습니다. 이렇게 대응 팀을 꾸리는 단계가 두 번째, '변혁 팀을 만드는 단계Pull Together the Guiding Team'입니다. 이렇게 해서 '준비기'는 일단 마무리되죠. 하지만 아직도 숙제는 남아 있어요. 과연 서로 다른 캐릭터들로 꾸린 혁신 팀에 활력과 시너지 효과가 일어날까요?

결정기 ❶ 세 번째, 다른 관점에서 비전을 구하다

혁신 팀은 마을을 살릴 방법을 궁리하느라 여념이 없습니다. 그들은 과학기술로 빙하 문제를 해결할 수 있을지 타진해보기도 하고, 아예 튼튼한 새 빙하를 구할 생각도 합니다. 하지만 딱 맞는 해법을 찾지 못하죠. 그러다 우연히 살 만한 곳을 찾아다니는 갈매기 무리를 발견하고는 전혀 새로운 비전을 발견합니다. 즉 갈매기의 생존방식을 모방해보기로 한 거죠. "갈매기가 살아가는 방식을 펭귄이 취하지 못할 일이 무언가!" 이제 펭귄들은 새로운 꿈을 품기 시작합니다. 펭귄들은 정착생활이라는 아주 오래된 관습을 깨고 이동하는 유목적 삶의 새 희망에 가슴 설레어 합니다.

이것이 바로 '변혁의 비전과 전략을 세우는 단계Develop the Change Vision and Strategy'입니다. 과거와 비해 어떤 것이 달라지는지를 명확하게 내보이고 어떻게 미래를 실현할 수 있는지 그 방법을 모색하는 거예요.

결정기 ❷
네 번째, 공감적 경청과 다양한 방법으로 지속적으로 소통하라

새 꿈, 새 희망을 가슴에 품었으니, 이제는 모두에게 그 필요성을 설득해야 하겠지요. 그래서 이 네 번째 단계는 '커뮤니케이션 단계Communicate for Understanding and Buy-in'라고 부릅니다. 새 삶의 방식을 택함으로써 위기를 극복하자는 것은 타당한 말이지만, 이런 이유만으론 충분치 않습니다. 지금까지의 생활방식을 완전히 뒤집자는 말은 많은 이들에게 두려움과 불안감을 느끼게 하기 때문이죠. 요컨대 소통의 기술이 절실한 시기가 온 겁니다.

이 시점에 이르러서는 잘생기고 말 잘하는 버디가 앞장섭니다. 버디는 강력하고도 새로운 비전을 담아 펭귄들을 설득하죠. 혁신 팀의 다른 팀원들 역시 펭귄들과 지속적인 대화와 홍보를 통해 비전을 공유합니다. 이처럼 변화는 몇몇이 주도한다고 이루어지지 않습니다. 비전의 타당성과 합리성을 설득하고 모두와 더불어 공유해야만 합니다. 그 후에야 구성원이 변화를 향한 여정에 진심을 다해 적극적으로 참여할 겁니다.

결정기 ❸ 다섯 번째, 심리적 장벽을 넘어 변화에 동참케 하라

비전이 점차 펭귄들에게서 확산되어가지만, 여전히 만만치 않은 심리적 장벽이 존재합니다. 정착생활이 당연하다고 믿는 다수의 펭귄들은 떠돌이 생활과 다를 바 없는 새 삶의 방식을 받아들이려고 하지 않는 것이지요. 그 때문에 곳곳에서 크고 작은 저항, 갈등이 일어납니다.

이런 어려운 상황에서 벗어나기 위해 혁신 팀은 새로운 빙하를 찾아 떠난 탐사대, 펭귄 영웅들의 이야기를 전달함으로써 용기와 희망을 북돋워주며 곳곳에서 일어나는 크고 작은 갈등을 없애기 위해 솔선수범합니다. 그리고 이런 모습이 펭귄들로 하여금 변화에 대한 두려움을 점차 없애주죠. 바로 이것이 다섯 번째, '결단을 행동에 옮길 수 있도록 힘을 실어주는 단계Empower Others to Act'입니다. 무엇보다 강한 실천력이 필요한 시점이라 할 수 있지요.

결정기 ❹ 여섯 번째, 작은 것이라도 성과를 보여라

새로운 보금자리를 찾아 떠났던 탐사대가 돌아오자, 먼저 선구적인 펭귄 그룹이 이주를 감행합니다. 전부가 한꺼번에 이주하기 전에 일부가 성공적으로 살아가는 모습을 보여줌으로써 추상적 희망을 구체화하는 것이지요. 이를 두고서 '단기적 성과를 보이는 단계Produce Short-Term Wins'라고 합니다.

물론 실제 변화가 일어나면 이를 두려워하는 조짐도 함께 나타나는 법이죠. 그래서 혁신 팀은 이 불안감이 파급되지 않도록 안심시키고 작은 성과들을 확인시킴으로써 불안이 아닌 희망을 느낄 수 있도록 노력합니다. 한편 탐사대원들이 자리를 비운 사이 이들의 남겨진 가족들을 다른 펭귄들이 챙기는 과정을 통해서는 이전까지 가장이 마련한 음식을 가족끼리만 나눠먹던 오래된 관습을 바꿔나갑니다. 희망과 변화가 가시화되는 시기인 것이죠.

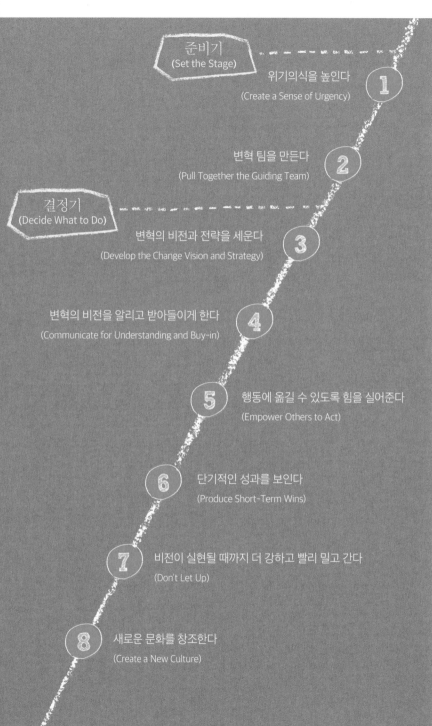

준비기
(Set the Stage)

위기의식을 높인다
(Create a Sense of Urgency)

1

변혁 팀을 만든다
(Pull Together the Guiding Team)

2

결정기
(Decide What to Do)

변혁의 비전과 전략을 세운다
(Develop the Change Vision and Strategy)

3

변혁의 비전을 알리고 받아들이게 한다
(Communicate for Understanding and Buy-in)

4

5 행동에 옮길 수 있도록 힘을 실어준다
(Empower Others to Act)

6 단기적인 성과를 보인다
(Produce Short-Term Wins)

7 비전이 실현될 때까지 더 강하고 빨리 밀고 간다
(Don't Let Up)

8 새로운 문화를 창조한다
(Create a New Culture)

결정기 ⑤ 일곱 번째, 변화의 속도를 늦추지 말라

1차 탐사가 성공적으로 마무리되었지만, 그것으로 끝이 아닙니다. 잠깐 성공에 취해 느슨해지면 용기를 잃거나 왜 변화해야 하는지 회의가 비집고 들어오기 때문이죠. 그래서 혁신 팀은 변화에 박차를 가하며 2차 탐사를 계속 진행합니다. 어린 펭귄까지 이주할 수 있을 만큼 정말 안전한 보금자리를 찾아 2차 탐사대가 꾸려지고 결과가 나오자, 드디어 펭귄 부족 전체가 대ᄎ이주를 시작합니다. 이 과정에서 떠나 있는 탐사대원의 가족들을 다른 구성원이 챙기는 관습도 새로운 시대의 관습으로 자연스레 자리 잡습니다. 이 일곱 번째 단계는 흔히 쓰는 말로 '주마가편 단계走馬加鞭, Don't Let Up'라고 할 수 있습니다.

결정기 ⑥ 여덟 번째, 변화에 대응하는 방식을 체질화하라

살기 좋은 보금자리를 찾아 이주한 것으로써 펭귄들의 변화 과정이 끝났을까요? 좋은 빙하를 찾아 떠나간 것은 생활방식의 변화입니다. 이젠 이 변화를 하나의 패러다임으로 정착시키는 과정이 남았습니다.

윗세대의 펭귄들은 위기가 찾아왔을 때, 위기를 맞은 빙하를 어떻게 이겨냈는지를 기록해 아랫세대에게 전합니다. 그럼으로써 자신들의 모험이 위기를 해결한 한 가지 사례가 아니라, 다른 위기나 변화에도 적용할 만한 하나의 프로세스로 전승시키려는 것이죠. 말하자면 조직문화가 뿌리내리는 시기입니다. 이 일곱 번째 단계는 '새로운 문화를 창조하는 단계Create a New Culture'라고 부릅니다. 그간의 노력과 현상들을 종합해 새로운 삶의 방식으로 정착시킴으로써, 새 세대의 노마딕 갈매기 문화를 창조하는 겁니다.

　어때요. 이론 정리야 비교적 간단하지만, 존 코터의 '변화관리 8단계 모델'을 실현하기란 결코 쉽지 않습니다. 피터 드러커는 한 기업이 변화하는 데 30년이 걸린다고 했지요. 그만큼 변화란 하루아침에 이루어지는 것이 아니라 오랜 준비와 철저한 계획을 필요로 합니다. 이러한 변화상에 제대로 대응하는 사람들, 그러한 리더들이 없는 집단은 녹아내리는 빙산과 함께 침몰할 수밖에 없는 것이고요.

　존 카터의 변화관리 8단계 모델은 8마리 원숭이의 문제해결 방식과 겹쳐 보이지만 근본적인 차이가 있습니다. 문제를 발견하고, 그 문제를 해결하려고 구성원을 모으는 과정 등은 비슷하지만 근본적인 해결방식에 차이가 있어요. 즉 원숭이들이 어디까지나 울 안, 전통 안에서 문제를 해결하려 했다면, 펭귄들은 그 울타리의 탈출을 전제로 한다는 점에서 말입니다. 요컨대 펭귄들은 체재 내적 해결이 아니라, 기존 체재를 파하고 과감히 나아가는 체재 외적 해결을 추구한 것입니다.

여덟째 허들

비전

이상향, 노웨어Nowhere가 지금-여기Now Here로 되는 프리즌 브레이크의
과정에서는 나를 가둔 이 사방의 벽을 부수려는 의지와 욕망들이 모험을
불러옵니다. 그리고 그 모험의 길 여기저기에는 감수해야 할 무수한 리스
크, 수많은 걸림돌이 깔려 있습니다. 매 순간 위험에 노출되어 있는 것입
니다. 하지만 바로 이 모든 고통과 고난을 무릅쓰고 나아간 이들이 결국엔
지금껏 누구도 모르던 새로운 세계를 개척했습니다.

원더랜드를 향하여

드디어 여덟째 허들에 이르렀습니다. 우리는 원숭이 이야기를 통해 변화를 그려보았고, 펭귄 이야기를 통해 탈출을 가늠해보았죠. 그리고 이제는 또 다른 꿈을 꿔야 할 차례입니다.

울타리를 넘고 빙하를 떠나 숲으로, 새 하늘로 날아오를 것! 우리의 마지막 발걸음은 여기서부터 시작합니다.

원숭이, 펭귄 그리고 인간

원숭이와 펭귄은 전혀 닮은 데가 없지요. 펭귄은 조류에 속하고, 원숭이는 포유류에 속합니다. 또 사는 곳도 달라요. 한국 땅에 원숭이가 없듯이, 위도가 높은 북쪽에선 원숭이가 서식하지 못하죠. 대신 남쪽에선 많이 살아요. 일본만 해도 원숭이가 많이 서식하잖아요? 좀 다른 이야기이지만 세종 때 원숭이를 일본에서 들여온 일이 있었어요. 제주도 근방에다 선물 받은 원숭이를 풀어서 키워보려고 했는데 결국 다 죽고 말았다는 기록이 『조선왕조실록』에 나옵니다. 그만큼 원숭이가 사는 생태적 영역은 한정되어 있죠.

펭귄도 마찬가지죠. 펭귄은 남극에서 살아요. 사실 이상李箱

같은 천재 작가도 펭귄이 남극에서 산다는 사실을 모르고 '북극의 펭귄'이라고 말한 적이 있어요. 그만큼 우리에게는 생소하고, 생태적으로도 먼 곳에서 서식하는 거죠. 원숭이나 펭귄이나 다 한국을 표준으로 할 때는 낯선 짐승들입니다.

그런데 이미 우리가 본 것처럼, 우리 안에 갇힌 8마리 원숭이와 빙산이라는 한정된 공간에서 사는 펭귄은 개념상으로 매우 유사해요. 그리고 인간까지도 그렇죠. 펭귄이 왜 사람과 자주 비교되느냐, 두 발로 걷기 때문이죠. 뒤뚱뒤뚱 걷긴 해

세종 때 원숭이를 들여온 일

『조선왕조실록』에는 원숭이와 관련된 글이 두 번에 걸쳐 등장한다. 모두 세종 때죠. 먼저 세종 16년 4월 11일자에 왕이 전라도 감사에게 지시하기를 "첨지중추원사僉知中樞院事 김인이 제주목사로 있을 때 원숭이 여섯 마리를 잡아 길들이게 했는데, 지금의 이붕李鵬 목사에게 전해주고 왔다. 일부러 사람을 보내 출륙시킬 필요까지는 없고, 만약 오는 사람이 있으면 명심하여 먹여 기르다가 출륙시켜 풀이 무성한 섬에 풀어놓은 후 사람들이 잡지 못하게 하여 번식하게 하라"고 했다는 것이다. 이때 잡은 원숭이가 어찌 되었는지는 알 수 없지만 이로부터 2년 뒤 실록에 의하면, 제주안무사濟州按撫使 최해산崔海山이 원숭이와 노루 암수 한 쌍을 진상하니, 상림원上林園에서 기르도록 하였다가 그 후에 인천 앞의 용유도龍流島로 옮겨 방사한 것으로 나온다.

이 기록들을 보면 어쨌거나 한라산에 원숭이가 살았다는 것이다. 일본에서 들여온 원숭이를 제주도에 방사했는데, 그곳의 자연환경에 적응하지 못하고 도태되었다는 것이다. 지구 반대편에서 데려온 원숭이도 아니고 제주도와 무척 가까운 일본에서 데려온 원숭이가 적응하지 못하고 죽고 말았다는 것은 원숭이가 사는 생태적 환경이 얼마나 한정적인지를 보여주는 예다.

도 꼭 사람이 걷는 것 같아요. 직립한다는 것이죠. 사실 조류와 인간의 공통점이 바로 이처럼 두 발로 선다는 거예요. 새의 앞다리는 날개가 되었고 인간에겐 두 손이 생긴 것이죠. 이렇게 펭귄, 원숭이 그리고 인간은 각기 다른 생태권에서 사는 서로 다른 종種의 짐승들이지만, 직립한다는 공통점이 있지요.

그런데 이 8마리 원숭이가 우리 안에서 길들여진 것처럼, 펭귄도 환경에 길들여져요. 물속에 들어가면 항상 먹잇감이 있고, 워낙 추운 곳이라 천적도 드물거든요. 그렇게 추운 데서 살 만한 종은 많이 없으니까요. 꼭 우리 안에 갇힌 원숭이들 같지 않아요? 주어진 빙산에서 풍부한 바닷속의 물고기를 언제나 잡아먹을 수 있기 때문에 편안함 속에서 질서를 구축하고 안정된 생활을 영위할 수 있었던 거죠.

하지만 우리 안에 변동이 생기면 즉, 먹을 것을 주지 않는다든지 환경이 바뀐다면 어찌될까. 원숭이가 밖으로 탈출하는 것처럼 펭귄도 이 빙산을 떠나야 할 겁니다. 이 탈출을 속된 말로 표현하면 '도망'이죠. 자기 의지를 가졌을 때는 탈출이고, 수동적일 때는 도망가는 겁니다. 어쨌든 밖으로 나가야 하는 거예요.

네오필리아, 나그네의 본능

　우리말 중에서 가장 아름다운 것 중 하나가 바로 '나그네'라는 말이지요. 신기하게도 보통 한국의 아름다운 말은 3음절로 되어 있어요. '아리랑', '도라지' 등 3음절로 된 말이 많아요. 그런데 이 중에서도 특히 '나그네'라는 말은 발음도 뜻도 아름답지요. 한곳에 멈추지 않고 끝없이 끝없이 밖으로 나간다는 거예요.

　박목월朴木月의 유명한 「나그네」라는 시가 있지요. "강나루 건너서 밀밭 길을 구름에 달 가듯이 가는 나그네." 그런데 사실 나그네의 삶은 이렇게 여유롭지 않아요. 그보다는 고달프지요. 아무리 가난해도 집 안에 있었을 때는 편안해요. 우리 안에서 살던 원숭이들처럼 말이죠. 그러나 밖으로 나가는 탈출은 새로운 삶, 새로운 장소로 나아가는 모험이기에 그 과정에 여러 어려움이 따르기 마련이에요. 구름에 달 가듯이 그렇게 조용히는 가지는 못한다는 겁니다.

　그런데도 '나그네'라고 하면 어쩐지 낭만적이고 신선한 공기를 맡는 듯한 느낌이 드는 까닭은 무엇인가. 낯익은 곳, 길들여진 곳에서 새로움을 찾는다는 일종의 창조 욕구, '네오필리아Neophilia'라고 하는, 끊임없이 새것을 찾아가는 본능적 동력이 생물에게 주어진 이유 때문이지요. 즉 생물은 본능적으로 진화한다는 겁니다. 진화란 뭐예요? 바깥으로 나가는 거예요. 생명체는 이렇게 끝없이 끝없이 밖으로 나아갔어요. 그 중에서도 가장 많이 새로운 곳을 향해서, 스스로 낯익은 곳을 떠나 새 모습, 새 환경을 만들어간 것은 모든 생물 가운데 인간이 가장 으뜸이지요.

인간은 하나님의 형상을 닮았다고들 하죠. 하나님이 그렇게 만드셨다고 해요. 이때 하나님은 누구인가, 바로 창조주, 만드시는 분입니다. 하나님은 만들어진 어떤 존재가 아니에요. 그런데 인간이 이런 하나님을 닮았다는 것은, 하나님의 형상에 가까웠다는 것은, 그리고 하나님의 아들이라고까지 감히 말할 수 있는 것은, 그렇게 동질화할 수 있는 것은, 바로 이 창조의 욕망 때문이라는 거지요.

네오필리아, 새로운 것을 찾아가는 마음, 욕망! 바로 이 욕망이 공간적으로 나타난 것이 우리에서 뛰쳐나간 원숭이들이 그리던 곳, 잘 익은 바나나와 각종 과실들이 풍기는 향기로 가득 찬 그런 푸른 숲, 언제고 나무 위에만 올라가면 자기가 욕망하는 과일이 달려 있는, 그러한 욕망의 열매들로 가득 찬 숲인 거예요. 이 숲에서는 스스로의 의지에 따라 열매를 따먹습니다. 더 이상 남이 주는 도토리를 먹는 것이 아니지요. 다시 말해, 자기의 저 깊은 데로부터 샘솟아난 어떤 비전이 있다는 겁니다.

사실 인간들은 아주 오래전부터 밖으로 나아가고 밖으로 끌어내는, 나 자신을 바깥으로 내던지는 그러한 존재였어요.

바로 이 점을 인간의 본질로, 인간의 실존으로 해석하는 경우가 많았습니다.

유토피아, 아무 데도 없는 곳

바로 그 바깥, 그 바깥의 바깥으로 가려는 욕망이 유토피아Utopia라는 개념을 낳았죠. 이 유토피아란 무엇인가? 서양에도 동양에도 이 유토피아에 대한 이야기가 많지요. 서양의 유토피아처럼 동양에는 특히 무릉도원武陵桃源이라는 것이 있었어요. 우리가 살아가는 이 현실의 영역에선 찾아볼 수 없는 공간이지요. 어디에도 없는 그러한 것들을 상상하고 유토피아를 찾으려고 부단히 노력해온 과정의 산물이 오늘날 인간의 문화, 문명이라고 말할 수 있는 겁니다.

그런데 이 '유토피아'라는 말을 다시 보세요. 어두에 붙은, 'U'라는 이 부정사는 그리스어로 'No'와 같은 뜻입니다. 그리고 'Topia'는 토포스Topos의 변형으로서 '공간'을 의미하죠. 그러니까 유토피아란 말 그대로 '아무 데도 없는 곳'이라는 뜻인 거예요. 무릉도원처럼 이 세상에는 없는 곳이죠. 동천洞天과 옥야天野, 낙토樂土은 또 어때요. 고려 시대의 문인 이인로李仁老가 친구와 함께 찾아 나섰지만 결국 이르지 못했다던 푸른 학이 사는 지리산의 청학동靑鶴洞이라던가, 전설로 전해져오

안견安堅, <몽유도원도>(1447), 비단, 38.7×106.5cm, 일본 덴리대 소장

1447년에 비단 바탕에 수묵담채로 그린 그림으로, 안평대군의 무릉도원 꿈을 안견에게 설명한 후 그리게 한 것이다. 그림과 함께 안평대군의 표제와 발문을 비롯해 신숙주申叔舟·정인지鄭麟趾·박팽년朴彭年·성삼문成三問 등 당대 최고 문사들의 제찬을 포함해서 모두 23편의 자필 찬시가 곁들여 있다.

던 이어도離於島의 존재도 그렇지요. 그래서 유토피아를 영어로 쓰면 '노웨어No Where', '아무 데도 없는 곳'이 되는 겁니다.

　'아무 데도 없는' 이 유토피아는 그래서 인간의 마음, 상상 속에서만 있는 것이죠. 이처럼 유토피아라는 말에는 '현실공간과 대립되지 않고서는 느낄 수 없는 곳'이란 의미가 전제되어 있어요. 내가 사는 이곳과는 정반대인 공간, 눈물이 웃음이 되고, 죽음이 영원한 삶이 되며, 생로병사에서 벗어나는 곳이 바로 유토피아죠. 극락의 세계, 서방정토西方淨土가 다 그렇지 않습니까. 인간은 언제나 그러한 곳을 꿈꿔왔어요. 하지만 단 한 번이라도 이 유토피아를 가본 사람, 현실 속에서 찾은 사람은 없었지요.

Nowhere? Now Here!

　이 유토피아를 뒤집어보면 무엇이 될까. 바로 현실의 고통스러운 암면暗面이 되겠지요. 다시 말해, 반反유토피아가 곧 현실인 거예요. 이 점에 착안해서, 영단어 '노웨어'를 뒤집어 제목으로 붙인 「에러헌Erewhon」이라는 소설을 쓴 새뮤얼 버틀러Samuel Butler란 사람도 있었죠.

　그런데 이 유토피아라는 단어를 뒤집지 않고 그대로 둔 상태에서 달리 배열해보세요. 'Nowhere'의 'W'자를 'No'에다

가 붙여보는 거예요. 어때요, 부정사 'No'가 'Now', '지금'이
라는 말로 바뀌지 않습니까? 그리고 'Where'자에서 'W'가
떨어지니 이제는 'Here'가 되었지요.

"NOW + HERE." 그렇습니다. 유토피아는 먼 곳에 있는 것
이 아니에요. 먼 미래, 꿈꾸는 그 너머의 미래에 있는 것이 아
니라 지금NOW, 여기HERE에 있는 거지요. '지금, 여기' 우리가
이상향이라고 말하던, 여태껏 인류가 추구해왔던 그러한 세
계, 그것은 먼 곳 혹은 먼 미래가 아니라 '지금 - 여기', 현재
에 있다는 것이죠.

'나그네'라는 말도 다시 들여다봅시다. '나그'란 '나가다'에
서 온 것이고, '~네'란 인간, '누구네'라고 할 때의 접미사죠.
'집을 나갔다'라고 해서 '나그네'가 되는 거예요. 말 그대로
'나간 이', '집을 나간 사람'이 나그네입니다. 그런데 여기서
말하는 '집'은 물리적 장소만을 의미하는 것이 아니에요. 집
에서 떠나 먼 곳을 여행하는 것처럼 우리들의 관념, 우리들이
믿는 가치, 개념, 평소에 가지고 있는 가치관, 습관, 길들여진
일상에 머물지 않고 무언가 새로운 상상의 세계로 가서 색다
른 의미를 창조하고자 한다면 그 또한 나그네죠. 물리적으로
떠나지 않는다고 하더라도 현실의 갇힌 벽에서 벽 밖으로 나
가는 것, 즉 '프리즌 브레이크'하는 사람도 나그네예요. 사람
에 따라, 또는 각각 그 분야에 따라 계층별로 서로 다를지언
정 지금 있는 곳에서 밖으로 나가야 합니다. 그 새로운 공간

은 물리적 공간이라도 좋고 의식의 공간이라도 좋아요.

　이처럼 새로운 토포스를 찾아가는 네오필리아의 상징으로서 나그네의 의미를 알아야 해요. 지금껏 우리는 편력遍歷하며 나그네처럼 여러 허들을 넘고 이곳저곳을 떠돌아다니면서 여기까지 왔지요. 그런데 어때요. 'Nowhere'에서 'W'자 하나만 'No'에다 옮겨 붙이니 부정적인 것이 긍정적으로, 시간과 공간이 '지금 – 여기'로 바뀌었잖아요?

　우리들이 찾는, 탈출의 끝에 있는, 한 번도 가보지 못한, 동화 속에서나 나오는, 피터 팬이 노닐며 꿈꾸는 네버랜드, 앨리스가 찾아가던 원더랜드, 결코 누구도 가보진 못했지만 그곳을 꿈꾸는 현실 속에서, 의식 속에서, 욕망 속에서 존재하는 바로 그러한 세계! 사람은 생물학적으로 날 수 없는 존재지만 네버랜드를 그리는 어린아이의 꿈속에서라면 자유롭게 날 수 있지요. '나는 날지 못한다'라는 제한된 의식이 아니라 '날 수 있다'라고 믿는 바로 그러한 욕망 속에서 피터 팬이 태어나는 겁니다. 바로 그 꿈, 그 이야기 속에서 팅커벨은 존재하는 거예요.

　이러한 이상향, 노웨어Nowhere가 지금 – 여기Now Here로 되는 프리즌 브레이크의 과정에서는 나를 가둔 이 사방의 벽을 부수려는 의지와 욕망들이 모험을 불러옵니다. 그리고 그 모험의 길 여기저기에는 감수해야 할 무수한 리스크, 수많은 걸림돌이 깔려 있지요. 매 순간 위험에 노출되어 있는 거예요.

하지만 바로 이 모든 고통과 고난을 무릅쓰고 나아간 이들이 결국엔 지금껏 누구도 모르던 새로운 세계를 개척했지요.

자신을 뛰어넘다

프리즌 브레이크! 우리가 부수고 뛰어넘어야 할 벽들을 살펴볼까요. 맹자에 나오는 분류법, 수신제가치국평천하修身齊家治國平天下를 활용해보는 겁니다. 가장 낮은 단계는 수신修身, 즉 몸에 해당하는 것이죠. 수신이란 내 몸을 그저 맡기는 것이 아니라 단련함으로써 몸 밖으로 뛰쳐나오게 하라는 가르침이에요.

먹고 싶은 욕망, 자고 싶은 욕망 같은 이 동물적 본능, 육체의 본능Physical needs이 요구하는 삶, 생물학적·생리적 신진대사를 위한 욕망, 먹는 것과 잠자는 것, 휴식하는 것. 이 모든 인간의 기본적인 욕망은 육체에서 오는 거예요. 생로병사가 전부 이 육신에서 와요. 바로 이 육신에서 벗어나는 것이 수신입니다.

유교에서는 육신을 제어하는 데서 멈추지만 도교에선 완전히 변신하라고 가르치죠. 이처럼 육신에서 벗어난 존재를 뭐라고 그래요? 신선神仙이 됐다고 하잖아요. 몸 바깥으로 뛰어나가는 것, 동굴 속으로 들어가 자기를 단련하고 수신한 결과는 어떠한가. 우리가 중국영화 속 쿵푸功夫 고수에게서 보듯이 육신을 제어할 만큼 엄청난 정신력이 발현된다는 거예요. 생물학적·동물적 본능에서 벗어나고자 하는 그러한 상태로 나타난다는 거죠. 그래서 우화등선羽化登仙, 육체를 떠난 자유로운 사람들, 사람이면서도 죽지 않는 그러한 신선이 되는 거예요.

이렇게 초인이 되려는 욕망들이 하나의 범주로서 꾸려진 것이 바로 수신, 자기 몸으로부터 자유롭게 바깥으로 나오는 단계입니다. 소크라테스의 말처럼 육체란 감옥인 것이죠. 어떤 본능, 생물학적 욕망을 벗어나고자 하는 것, 새로운 지식이나 수양에 의해서 도달하는 교양, 이런 것들로 인해 자기의 육체를 뛰어넘을 수 있는 거예요.

가족의 울타리를 넘어서다

두 번째로 제가齊家란 집안일을 다스리는 것입니다. 가족은 '몸'이 확산된 개념이죠. 제 몸과 같은 육친들이라고들 하잖아요. 즉 가족은 혈연 공동체이죠. 또 태어나면서부터 살을 부딪히고 살아가는 가장 친숙한 사람들이어서 가족을 떠나서는 살 수 없다는 생각이 들기도 합니다. 그러나 모든 인간의 문화나 역사는 이 가족이라는 혈연집단에서 한층 더 바깥으로 나가는 것, 자기나 제 가족과는 다른 사람들이 사는 곳으로 나가고자 하는 데서 시작해요. 그렇게 나아가 모인 것이 바로 사회죠. 집에서 학교로 가는 것만 하더라도 그렇습니다. "학교 종이 땡땡땡~ ♪ 어서 모이자~ ♬" 하는 노랫말에서 '어서 모이는 세계'가 곧 사회인 거예요.

이미 사람은 집안, 가족의 틀 안에서만 클 수는 없고 학교에 가도록 시스템화되어 있지요. 학교에는 모두가 모여 앉은 교실, 자기 방이 아닌 그런 교실의 벽이 있어요. 즉 가족이라는 울타리를 넘어서 교실로 가는 순간 그러한 사회성, 사회공동체라고 하는 것이 이루어지는 겁니다. 그런데 단지 모이는 것만으론 부족해요. 새로운 교육을 받아야 하죠. 육신의 사랑과 정情만이 아니라 새 것을 배워야 사회를 만들 수 있습니다. 사실 가만히 따져보면 맹자의 수신제가修身齊家에는 사회성이라는 것이 결여되어 있지요. 이 학교라는 단계, 마을이나 도시처럼 남들끼리 모여 사는 집단의 단계가 빠져 있으니까요.

그런데 가족을 떠난다는 건 비단 학교로 향하는 길만이 있는 것은 아닙니다. 가령 성경에 나오는 탕자(탕아)의 예가 그렇지요. 가족을 떠나 세계를 방랑하는 자가 바로 탕자죠. 성경에선 그가 재산을 탕진하고 거지가 되어 돼지먹이인 쥐엄열매로 연명하다 결국엔 부끄러움을 안고서 집으로 돌아온다고 하지요. 그래서 누군가는 그의 방랑을 실패로 간주하지만, 반드시 그런 것은 아닙니다. 그 탕아는 집을 떠나갈 때와는 또 다른 사람이 되어서 돌아온 것이니까요. 그의 방랑을 실패라고 간단히 말할 수는 없는 거예요. 예전의 자기, 아버지의 재산을 탐하고 함부로 흥청망청 인생을 낭비하며 만사를 우습게 여기던 그 어리석은 자의 껍질을 벗은 것이니 말예요. 이리 보면 일종의 탈출이 이뤄진 게 아닌가 말예요.

이 탕자의 이야기는 무수한 예술작품의 모티프가 되었지요. 그중에 앙드레 지드가 쓴 「돌아온 탕아」라는 작품이 있어요. 이 작품의 탕아는 자신도 알 수 없는 사이에 깃든 자유에의 갈증을 따라 아버지의 집을 벗어나 세상으로 나가죠. 그러고는 수없는 고난을 겪은 후에 다시금 집으로 돌아옵니다. 헐벗고 누추해져 돌아온 그를 아버지와 어머니는 따뜻하게 반겨주지요. 잔칫상을 차리고 그 더러운 옷을 벗겨냅니다. 그런데 탕아가 누더기를 벗고 새 옷가지를 걸치려 할 때, 성경에는 등장하지 않는 그의 아우가 그 누더기를 눈부시다는 듯 바라보죠. 집을 떠나던 탕아와 같은 나이인 아우, 시시때때로 언덕에 올라 성벽 너머의 세계를 그려보고, 이야기꾼이기도 한 돼지치기에게로 찾아가 날이 가도록 이방의 이야기를 졸라대는 이 아우에게 낯선 세계의 체취가 묻은 탕아의 누더기는 그야말로 자유의 상징인 것이죠.

그 밤, 아우와 나란히 마주 앉은 탕아는 어린 자신과도 같은 아이에게 돌아온 이유를 말해줍니다. 아버지의 집을 떠나 낯선 세상에서 왕이 되려고 했으나, 결국 다른 이의 종이 되어버린 자신을 보고선 회의에 빠졌다고 이야기하죠. 즉 자신은 실패했다는 겁니다. 또한 배고팠노라 고백합니다. 단지 육신의 배고픔뿐 아니라, 오랫동안 잊고 지냈던 아버지 집의 안락함에 대한 허기가 있었던 거지요. 그럼에도 아우는 단념하지 않아요. 오히려 '종이 되겠다고 선택하는 자유'에 대해 말하며, 낯선 세계로 달음박질해가는 마음을 끌어안은 채 한 번도 가보지 못한 길을 그리죠. 아우는 돼지치기가 선물한 야생 ~~석류를 손에 꼭 쥐고서 들뜬 목소리로 이 열매가 나는 곳을~~ 말해달라고 부탁합니다. 탕자는 그곳이 '보살피는 사람 하나 없는 과수원, 울타리가 없어서 황야인지 과수원인지도 알 수 없는 그런 곳'이라고 답해줘요. 그런데 그 열매가 야생의 것이라며 말머리를 줄이는 탕자에게서 아주 짧은 한순간, 완전히 탈진해버린 사람에게선 찾을 수 없는 어떤 생기가 불쑥 튀어나오는 것이죠.

그래요. 이젠 정말 지쳤노라고, 자신은 실패자라고 고백하는 탕자에게서, 그 마음속 자유를 향한 욕망은 완전히 잠들지 않은 겁니다. 아버지가 차린 잔칫상을 받은 후에도 들판에서 주워 먹었던 야생 도토리의 씁쓰름한 맛이 자신이 맛보았던 최고의 진미였음을, 그는 이미 아버지에게 토로했던 겁니다. 그 쓴맛이 불러일으킨 갈증 때문에 해갈할 길을 찾고자 열병과도 같은 방랑을 멈출 수 없었다는 거예요. 마치 앙드레 지드의 또 다른 작품 「대지의 자양(혹은 지상의 양식)」에 등장하는, 갈급함으로 인해 목말라하는 열병 환자처럼 말이죠. 그 열병 환자는 손에 물병을 쥐고 있을지라도, 입안에 물을 한가득 머금고 있을지라도 죽음과 같은 그 갈증을 결코 해소할 수 없는 겁니다. 오히려 신열로 인해 더욱 갈급해지기만 합니다. 생生을 향한 열병이란 바로 그런 것이죠. 또한 탕자는 모든 재산을 탕진하면서 텅 비어지는 바로 그때, 그 빈자리에 비로소 사랑이 담기게 되었노라고 고백합니다.

  어둠이 오기 전에 집을 떠나겠노라는 아우의 말에, 탕자는 그 앞길에 등불을 밝혀주겠노라고 말합니다. 그러면서 계단을 조심하라고 당부하죠. 이 계단이란 바로 리스크예요. 자유를 찾아 나선 여정에서 수없이 맞이하게 될 고난과 고통, 과거에의 향수 같은 것들 말이죠. 탕자 자신은 그 계단에서 결국 넘어졌지만, 아우만큼은 부디 그러지 않기를 기원합니다. 그 기원의 상징이 밝힌 등불인 겁니다. 그러고는 돌아오지 말라고 하죠. 자신도 아우를 잊을 테니 아우도 자신을 잊으라고 합니다. 아버지의 집을 잊으라는 것이죠. 안락한 침대와, 배불리 먹을 수 있는 식탁과, 포근한 어머니의 품과, 어린 반항기를 포용해주던 어린 시절은 지우라는 겁니다. 그것이 모험, 돌아올 길을 기약하지 않는 자유의 여정이라는 것이죠. 옛 시절에 대한 향수, 안락한 기억에 대한 허기가 지금 품은 꿈의 약동을 지워버리지 않도록 하라는 겁니다.

  어떤가요. 이 이야기에서도 우리는 탕아의 방랑과 귀향을 단지 탈출의 성공이냐 실패냐로 이분해 판단할 수 없습니다. 또한 막 시작되는 아우의 여정을 옳고 그르다거나, 성패가 어떠하겠다거나 하는 식으로 재단할 수 없지요. 단지 그러한 여정, 모험, 탈출이 어떤 소중한 변화를 일으킨다는 것, 이전과는 또 다른 세계와 자신을 만나게 하리라는 것을 확언할 뿐입니다. 그것이 우리가 맞닥뜨려야 할 프리즌 브레이크, 파벽의 과정이 기약한 한 가지예요.

그뿐만 아니라 릴케Rainer Maria Rilke의 『말테의 수기』에도 "나는 탕아의 이야기가 사랑받고 싶지 않았던 사람들의 전설이라 확신한다"는 문장이 나오지요. 바로 그 전 대목을 볼까요. "사랑받는 것은 불태우는 것을 의미한다. 사랑하는 것은 마르지 않는 기름으로 빛을 발하는 것이다. 사랑받는다는 것은 사라져가는 것이요, 사랑하는 것은 영원한 것이다." 다시 말해, 탕아는 '영원히 사랑하기 위해 현재의 사랑받는 기쁨을 파하는 자者'라는 것입니다. 앙드레 지드의 '돌아온 탕아'가 고백했듯, 이전의 모든 것을 비워낸 그 자리에 사랑이 담겼다는 것과도 상통하는 부분이지요.

생에 대한 영원한 갈증, 수동적인 것이 아니라 스스로의 의지와 욕망에 따라 열정적으로 나아가게 하는 뜨거운 힘! 이것이 바로 나그네 된 인간의 비전이에요. 그것은 손에 든 어떤 나침반 같은 것이 아니라, 몸과 마음에 새겨진 지도와 같습니다. 〈프리즌 브레이크〉라는 미국 드라마의 주인공처럼

렘브란트, <돌아온 탕자The Return of the Prodigal Son>, 205×262, 1663~1665, 캔버스에 유화

말이죠. 그가 누명을 쓰고 감옥에 들어간 형을 탈출시키고자 함께 감옥으로 들어갈 때, 바로 그 자신의 몸에다 그 감옥의 설계도를 문신으로 새겨넣잖아요. 이렇게 해서 그는 누구도 쉽게 앗아갈 수 없는 탈출로를 몸에 간직하게 된 겁니다. 이 때 문신은 단지 탈옥을 위한 수단에 불과한 것이 아니죠. 그 자신의 명예와 생애를 돌려놓기 위한 처절한 의지, 투철한 욕망의 상징이 되는 겁니다.

구르는 돌, 국경을 지우다

수신제가의 단계에서 더 나아가 치국治國, 곧 '나라'의 단계를 살펴볼까요. 나라 즉 국가라고 하는 벽이 보이죠. 우리는 나라國가 네모라는 점을 앞에서 배웠잖아요. 바로 이 나라의 성벽城壁을 벗어나면, 요즘 말하는 글로벌한 사회로 가게 됩니다. 세계, 즉 천하天下로 향하는 거예요.

'나라를 벗어나 세계로 나아간 사람들' 하면 대표적으로 누가 떠오르나요. 영국을 떠나 신대륙으로 왔던 미국의 선조들이 생각나죠. 바로 이 개척자들의 기질을 잘 보여주는 예가 있어요. "구르는 돌에는 이끼가 끼지 않는다Rolling stone gathered no moss"라는 속담이 있지요. 그런데 이 속담에 대한 영국과 미국의 풀이가 정반대입니다. 영국에선 한곳에 머물러 있지 않고 사방으로 돌아다니면 대성하지 못한다는 뜻이에요. 즉 이끼가 좋은 의미죠. 이끼는 돌에 붙은 생명체이기 때문에 돌에 이끼가 끼는 것이란 '무언가를 이루는, 성취하는, 출세하는, 돈이 모이는' 등의 뜻을 지니지요. 그러니 자연히 굴러다니는 돌Rolling stone은 나쁜 의미예요. 한국도 그렇죠. '굴러다니는 돌멩이'는 별로 좋은 뜻이 아니잖아요. 그러니까 영국에서 이 속담은 그 자체로 부정적인 뜻을 지니는 겁니다.

그런데 미국은 전혀 달라요. 미국에선 굴러다니는 돌이 긍정적인 의미죠. 오히려 사방에 떠돌아다니고 『길 위에서On the Road』를 쓴 잭 케루악Jack Kerouac처럼 끝없이 정처 없이 떠돌아다녀야만 대성할 수 있다는 생각이 지배적이에요. 그래서 미국에선 돌에 이끼가 낀다는 것이 녹슨다는 말처럼 나쁜 뜻입니다. 이끼 낀 돌은 가치가 없거든요. 끝없이 돌아다니는 돌이라면 이끼가 낄 틈이 없겠죠. 즉 이끼란 부패하고 권태롭고 길들여지고 녹이 슬어서 결국 썩고 만다는 그러한 뜻을 가지고 있는 거예요.

영국과 미국이 많이 닮은 문화권인데도 구대륙인 영국에서는 한곳에 지긋이 머무는 것의 가치를 높이 사요. 그래서 홈 스위트 홈Home sweet home이란 말처럼 집은 하나의 성벽이고 그 안에 있을 때 즐겁고 평화롭다는 관점, 정착적인 것이 좋고 떠돌아다니거나 밖으로 나가는 것을 기피하는 기질이 생긴 것이죠. 이러한 영국인과는 반대로 뉴프론티어New

Frontier, 끝없이 개척해야 하는 신대륙으로 왔던 미국인들은 굴러다니는 돌을 좋은 것으로 봤다는 겁니다.

일본은 어떨까. 일본도 영국과 마찬가지로 이끼를 좋은 것으로 간주해요. 일본의 국가로 사용되었던 옛 가사만 봐도 그렇지요. 일본 고대시를 군국주의시대 때 기미가요라고 해서 불렀는데, 거기 보면 천황의 세상이 오래도록 가라는 축언祝言의 뜻으로 '바위에 이끼가 낄 때까지 영원히 계속하라'는 그런 가사가 있거든요. 바로 이때 그 이끼는 좋은 뜻으로, 번성의 뜻으로 사용되었던 겁니다.

그뿐만 아니라 일본 정원에는 '코케테이苔庭' 즉, '모스 가든 Moss Garden'이란 것이 있어서 감상용으로 돌에 이끼가 끼게 하죠. 종교철학적으로 그 이끼는 나란히 늘어선 돌들의 자성을 깨뜨려 무한으로 향하게 만드는 요소로 해석됩니다. 또 일본에는 늘 습기가 져 있기 때문에 한국보다 이끼가 많고, 이끼를 정원에서 살리는 경험이 많다는 거예요. 이런 걸 보면 역시 일본도 농경민의 문화가 두드러지는 것이죠.

단 같은 농경민의 문화라 해도 일본은 우리보다는 전쟁을 많이 한 나라이기 때문에 비교적 바깥으로 나돌아 다니는 층들이 많았어요. 스스로 무사의 나라라고 말하잖아요. 또한 상인계급들도 많았고, 세키쇼関所라고 해서 지금 같으면 나라와 나라 사이에 세관 같은 관문이 있었죠. 중국도 마찬가지죠. 봉건시대에는 여러 개의 봉건제국으로 나눠져 있었기 때문

일본 돗토리 아다치 미술관 내 이끼 정원

에 국경이 있었어요. 그래서 한 성에서 다른 성으로 들어가려면 반드시 허가를 받아야 했죠.

그러한 전통을 가지고 있는 유럽, 또 한국이나 일본 같은데 비해서 미국은 좀 달라요. 국경 사이를 통과하는 정도가 아니라 프론티어, 맨 땅을 개척하는 거죠. 새로운 경계를 만드는 겁니다. 그러니까 프론티어십Frontiership, 존 F. 케네디John F. Kennedy의 뉴프론티어라고 하는 것은 그렇게 무한정 개방되어 있는 미국에 먼저 가서 깃발 꽂는 사람이 임자라는 뜻이에요. 미국은 개척하는 자의 땅이라는 것이죠. 기존의 어떤 틀이나 한계가 없는 땅, 그것이 곧 신대륙이었고 그곳에 가면 그대로 자신의 개척지를 만들 수 있었던 겁니다. 그러니 자연히 구르는 돌, 끊임없이 움직이는 돌을 나쁘게 보지 않는 것이죠.

이것은 단지 옛이야기가 아닙니다. 오늘날의 현실에도 그 흔적이 고스란히 남아 있죠. 미국은 다른 나라에 비해서 이직률이 높지요. 한 직장에서 우리처럼 오랫동안 근속하는 사람들이 거의 없다는 거예요. 좀 오래된 통계지만, 500개 대기업의 탑클래스Top Class 회사에서 자리를 옮긴 적이 있는 145명의 떠돌이 경영인 가운데 바로 그런 탑클래스 급의 거대 기업 5개사를 거쳤던 철저한 롤링스톤이 8명이나 끼어 있었다고 해요. 모든 나라에서 이런 일이 가능한 건 아니죠. 가령 일본에서는 있을 수 없는 일이에요. 일본에는 한 회사에 몇십 년을 있었더라도 일단 다른 회사에서 들어온 사람이면 사장이 못 된다는 징크스가 있었지요.

이런 점을 보더라도 미국이 틀을 벗어나 밖으로 나가는, 낯선 곳으로 나가는 그러한 기질이 컸다는 사실이 입증됩니다. 이 점과 관련해서 대통령을 지냈다든지, 위대한 발명가 에디슨처럼 공적을 쌓은 것도 아닌데도 유달리 유명한 인물이 있어요. 대니얼 분Daniel Boone이 바로 그 주인공이죠. 이 사람은 서부개척 시대의 상징적 인물로, 특히 켄터키 지방에서 개척자로서 아주 유명했습니다. 대니얼 분은 어린 시절부터 포장마차에서 자라났다고 해요. 그리고 중년이 되어서는 켄터키 지방을 개척하기 시작했다고 하죠. 작은 오두막집, 포장마차 같은 집 하나를 지어놓고 개간하는 겁니다. 그러다 다른 이주민이 개발하러 오면 또 떠나지요. 자꾸만 서쪽으로 떠나

케네디의 뉴프론티어New Frontier

존 F. 케네디를 미국 대통령 자리에 올려준 것이 바로 뉴프론티어, 신개척자로서의 진로 선언이다. 그는 "우드로 윌슨의 새로운 자유정책은 우리 미국이 새로운 정치, 경제적인 틀을 갖출 것이라고 약속했고, 프랭클린 루스벨트의 뉴딜 정책은 도움이 필요한 모든 사람들에게 안전과 구원을 약속했습니다. 그러나 내가 말하고 있는 신개척자 정신은 약속이 아닌 일련의 도전입니다"라고 말했다. 당선된 후 그는 신개척자로서 '새로운 횃불'을 강조하면서 국민들을 독려했고, 가장 먼저 침체된 경제를 회생시키는 일에 주력했으며, 흑인 인권 문제에서도 신개척자 정신을 발휘했다. 그의 이런 개척정신은 침체되어 있던 시대를 일으키는 원동력이 되었다.

대니얼 분 탄생 기념 주화

는 거예요. 그렇게 그다음 번엔 미주리주州를 개척하지요. 대니얼 분은 평생 포장마차에 몸을 싣고 다니면서 고령이 될 때까지도 일하기를 멈추지 않았어요. 그가 미주리 땅에서 개척에 힘쓰던 나이가 84살이라니, 얼마나 대단합니까. 그 자신의 고백에 의하면, 자기는 한 번도 신발을 벗어보지 않았다는 겁니다.

오늘의 미국의 형성과정 자체가 다시 돌이켜보죠. 본래 미국은 종교적으로나 법적으로나 용납될 수 없는 사람들을 멀리 유배시키는 추방지였습니다.

푸코Michel Foucault의 『감시와 처벌Surveiller et les Punir』에는 이 상황이 잘 그려져 있어요. 『마농레스코Manon Lescaut』 같은 소설에서도 이미 그 당시에 도시에서 기피되는 그런 범죄자들을 잡으면 미국으로 이송해 격리하는 장면이 나오죠. 그야말로 미국은 거대한 감옥이었던 것이죠. 바로 이처럼 타의에 의해 유럽이라는 데서 벗어난 사람들, 미국으로 보내진 이들은 감금되는 것이나 다름없었어요. 자의로 가는 사람들도 그런 취급을 받았죠. 스스로 선택해 피난하거나 피신하는 경우에는 미국이 새로운 신천지였겠지만, 영국 측에서 봤을 때는 다 매한가지였던 겁니다. 어떠한 이유이든 본토에서 미국으로 이민을 간다는 것은 안정된 사회의 틀에서 벗어나는 것, 즉 추방되는 것이었으니까요.

하지만 당사자들에게는 전혀 다릅니다. 어쨌거나 미국은 개척지인 것이죠. 감금의 역사가 아니라 개척의 역사인 겁니다. 이것이 미국의 역사의 묘한 점이에요. 즉 범법자냐 개척자냐 하는 그 한계가 없어요. 타의든 자의든 기존의 질서, 기존의 역사사회에서 벗어나 새로운 사회, 신천지를 만들어가는 개척자로서 살아간다는 겁니다.

마치 로빈슨 크루소처럼 말이죠. 그는 원치 않게 표류자가 됐지만, 무인도에서 스스로 역사를 창조하고 심지어 마지막에는 '프라이데이'라고 하는 일종의 노예를 곁에 두고서 주종관계를 갖춘 그러한 작은 사회를 꾸려냈어요. 옛 노예제도나 봉건제도 같은 형태의 제도까지도 만들어낸 거예요.

로빈슨 크루소가 런던 시민으로 살았을 때는 계급, 가문이나 친구들, 그리고 직업 등 '나 아닌 것'들에 의존해서 그 정체성이 결정되었습니다. 즉 역사와 문화에 의존해서 도시 런던의 상인으로서 살아왔죠. 하지만 무인도에 난파되어 혼자 떨어져 있을 때는 이 모든 것이 아무런 의미가 없는 거예요. 거기서는 순전히 자신의 힘만이 필요하고 중요하지요. 모든 외적 경력이나 신분Status에서 벗어나는 거예요. 성경의 '출애굽'으로 주로 사용되는 '탈출'이라는 뜻의 '엑소더스Exodus'라는 말 자체가 그렇죠. 'ex-status' 곧 'status'에서 벗어난다는 거니까요. 종교적으로 모세가 이집트에서 탈출하는 것이나 이민이든 추방이든 미국이라는 신대륙으로 오는 것은 모두

엑소더스, 신분에서 벗어나는 사건이란 겁니다. 자신의 사회적 지위, 신분에서 벗어나서 무인도 생활을 하는 로빈슨 크루소처럼 말이죠.

이렇게 미국은 거대한 감옥일 수도 있고, 로빈슨 크루소의 표류도 같은 것일 수도 있고, 또는 이상향, 신천지, 개척지일 수도 있는 겁니다. 겹겹의 의미망이 중첩된 공간이에요. 탈출 자체의 동기, 어떻게 탈출했느냐, 벗어났느냐, 쫓겨났느냐가 문제가 아니죠. 신분이라든지 인간관계에서 오는 일체의 특전을 뒤로한 채 혼자서 출발할 수 있는 상황, 이것을 새로운 기회로 삼는 것이 개척인이고, 정치적으로는 그러한 사상이 케네디가 말했던 뉴프론티어 정신인 겁니다. 물론 개척정신의 밑바탕에는 집단이 상정되어 있겠으나, '기성의 집단을 벗어나 혼자 힘으로 살아가는 개인'에 그 사상의 출발점을 두고 있음을 염두에 두어야죠. 좀 복잡하고 다층적이죠. 사실 미국 영화나 드라마에도 이런 상황이 담겨 있어요. 가령 〈초원의 집〉 같은 것이 그렇죠. 넓은 초원에서 한 공동체가 아니라 한 가족을 단위로 살아가는 이야기들 말예요. 집단이면서도 비교적 개인에 가까운 구성체를 기본으로 하는 이야기 구도가 그렇게 인기가 있었던 겁니다.

이렇게 개인에서 가족이라는 개념으로 점점 불어나서 오늘날의 미국이 되었기 때문에, 다른 나라에선 국가가 먼저고 개인이 나중이지만 미국에서만 거꾸로 개인이 먼저고 국가가 나중이 됩니다. 미국의 개인주의, 문화의 다양성, 자유민주주의가 바로 여기서 태동한 거예요. 따라서 우리가 여덟째 허들을 넘어오면서 추구했던 탈출이란 하나의 과정은 실상 미국적 역사의 형성 라인의 반영으로도 읽을 수 있는 것이죠. 또한 정신적으로는 기독교의 '출애굽', 더 나아가 유대교에서 벗어나 새로운 종교로서 출현하게 되는 기독교 자체의 태생 라인으로도 읽을 수 있는 것이고요.

이런 미국의 삶, 개척자의 삶에 비하면 한국의 삶은 전혀 다릅니다. 역시나 박목월의 시 중에서 「가정家政」이라는 작품을 보세요. "지상에는 / 아홉 켤레의 신발, / 아니 현관에는 / 아니 들깐에는 / 아니 어느 시인의 가정에는 / 알 전등이 켜질 무렵을 / 문수文數가 다른 아홉 켤레의 신발을." 이 시의 첫 연에서 그리듯이, 우리는 집안에 들어갈 때 반드시 신발을 벗지요. 그러니까 박목월 시인이 노래하듯 가정이나 가족이란 무엇인가, 바로 신발을 벗고 들어와서 같이 자는 사람들이에요. 바깥의 어린아이 신발부터 어른 신발까지 툇마루에 쭉 놓여 있는 것, 이런 것이 한국적 삶의 한 모형인 거죠. 이에 반해 끝없이 모험하고 떠돌아다니는 미국적 삶은 개척정신, 프론티어 후드Frontier Hood를 가지고 이 세상을 살아가는 거지요. 바깥을 향해, 무언가 새로운 것을 찾아서 떠나는 것이 미국인이에요. 그것이 바로 아메리칸 드림이죠. 다만 최근에는 그러한 미국정신이 거의 사라졌어요. 이제 이런 식의 아메리칸 드림은 찾아보기 힘들지요. 왜 그렇게 되었을까. 상황이 바뀐 겁니다. 정치·사회·문화·경제 모두가 전부 시스템 쪽으로 기울고, 생활의 모든 요소에서 이제는 사이버 세계로 다 도망치는 거죠.

우리는 계속해서 개척민의 문화와 한국의 문화를 반대 방향에 두고서 살펴보았죠. 그런데 의외의 사실이 있어요. 한국인은 애초부터 정착하는 삶을 살아온 것이 아니라, 이른바 '그레이트 저니Great Journey'라고 불리는 몽골 루트를 통해 한반도에까지 이른 종족이거든요. 즉 광활한 빙원과 초원을 가로지르는 유목민적 삶을 살아온 민족이 한반도에 정착하여 농경문화와 융합된 문화를 만들어낸 겁니다. 그러므로 한국 문화는 단일하기보다는 서로 다른 두 문화의 결합으로 이루어진 것, 곧 유목민적인 유랑문화와 농경민적인 정착문화가 한데 어우러진 '유목-정착문화Nomadic-sedentary'의 복합형인 것이죠. 지금은 오랜 정착생활로 정적인 문화가 공고해졌지만, 우리 속에는 유목인, '나그네'의 피가 흐르는 거지요. 이처럼 우리에겐 이중의 '나그네' 기질이 잠재된 셈이에요. 인간이라면 누구나 지니는 네오필리아, 그리고 유목민의 후예로서의 피 말입니다.

그뿐만 아니라 동양의 노장사상이나 유교도 탈출 과정에 더할 수 있어요. 곧 문화라고 하는 인위적인 것으로부터 자연이라고 하는 본래의 고향으로 돌아가는, 탈출해서 원점으로 돌이켜 가는 의식을 읽어낼 수도 있는 것이죠. 이렇게 탈출방식과 여러 도달점이 있다는 겁니다.

우리가 지금까지 여기서 배운 것은 하나의 해답이 아닙니다. 과연 그 동기가 무엇이고 우리의 감옥이 무엇이며 벗어나서 갈 수 있는 목적지가 무엇인가를 찾아내는 과정이 아니에요. 그보다는 8마리 원숭이가 갇혀 있다는 그러한 상징적 상황에서 원숭이들이 어떠한 변화를 일으킬 수 있느냐를 관찰했고, 그것이 각자의 인생에서는 어떠한 의미를 주는지 짚어보았던 겁니다. 다만 한 가지 공통된 대답이 있다면 바로 '자유'라는 거죠. 특정한 이념, 특정한 어떤 사상을 주려는 것이 아니라 다양하고 다층적인 해답을 찾는 '자유', 이 '자유'가 '8020 명강'의 방침 그대로의 키워드인 겁니다.

하늘 밖의 하늘을 꿈꾸다

'수신제가치국평천하'의 단계를 거치며 우리는 끝없이 끝없이 많은 벽을 통과해서 마지막엔 또 다른 세계가 열려요. 물리적으로 이 지구를 벗어나 인공위성을 타고 나가지는 않는다 하더라도, 다른 차원에서 생각하고 사고하며 존재하는 일이 가능한 겁니다.

갈릴레오가 "지구는 돈다"라며 지동설地動說을 이야기한 것을 떠올려보세요. 달나라 혹은 태양계, 즉 우주에서 봤을 때 지구가 움직이는 거지 우리가 지구 안에서 볼 때는 해가 도는 걸로 보이잖아요. 말하자면 갈릴레오는 지구 안이 아니라 지구 밖 우주에서 이 행성을 들여다보는 관점과 입장에 있었다는 겁니다. 바로 이렇습니다. 우리 감성의 세계나 신체적인 감각의 세계가 아니라, 갈릴레오와 같이 우주를 꿰뚫는 어떤 과학, 이성의 세계에 들어서 있을 때 우리는 인간 그리고 지구를 외계의 눈으로 바라볼 수 있는 거죠. 영화 〈E.T.〉나 〈쥐라기 공원〉 같은 것을 만들 수 있는 것도 그렇지요. 이 시간과 공간을 초월해서 바깥으로 나가는 그러한 관점의 산물인 겁니다.

우리는 이러한 이성에 의해서 나의 몸, 가족과 가정, 학교와 직장과 같은 사회, 그리고 나라, 민족과 국가 그리고 더 나아가서는 지구까지도 벗어날 수 있는 겁니다. 이미 물리학계에선 아인슈타인 같은 사람들이 상대성 원리에 의해 지구를 떠났죠. 또한 인공위성을 쏘아 올리기도 하고요. 큐리오시티 Curiosity호는 지금도 화성에서 흙을 파고 사진을 보내오지요. 이것이 바로 인간의 역사이며 나 자신의 의식이라면 우리는 끝없는 탈출자, 도망자, 벽을 깨는 사람들, 프리즌 브레이커라는 결론에 도달할 수 있는 것이죠. 그런데 이 이성으로 인해 얻은 새로운 관점, 새로운 공간에 머물러선 안 됩니다. 다시금 그 차원을 넘어서야만 해요. '천외유천天外有天', 즉 하늘 밖의 하늘을 꿈꾸는 사람이 되는 것이지요.

이 관점을 가장 잘 보여준 것이『여씨춘추呂氏春秋』에 실려 있는 형荊나라 사람의 이야기입니다. 한 명궁名弓이 사냥을 하다가 활을 잃었는데, 그 활을 찾지 않고 그냥 산을 내려온 거예요. 그래서 사람들이 물었지요. "아깝지 않소? 왜 그 활을 찾지 않는 게요?" 그러니까 그 사람이 웃으면서 답했지요. "잃긴 뭘 잃습니까. 잃어버린 활이 어디 갔겠소. 어차피 이 나라 안에 있는 거 아니오? 그런데 그걸 찾으면 뭘 하오. 내 입장에서만 생각하면 활을 잃어버린 거지만, 나라 전체에서 보면 활은 거기 그대로 있는 거니 말이오. 나라 안에 있는 거요."

그러자 이 말을 들은 공자가 이렇게 덧붙였습니다. "하필 왜 나라라고 하는가? 사람이라고 하지 않고 말이다. 나라를 따지는 것도 좁은 생각이다. 인간이 사는 곳에 그 활이 있는 것이 아닌가. 나라라고 하는, 국경이란 것을 굳이 생각할 필요가 굳이 있겠는가. 사람이 사는 곳이면 다 같지." 이렇게 나라에서 인간세계라는 보다 넓은 데로 나아간 거죠.

그런데 바로 그때 노자가 입을 여는 것이죠. "하필 왜 사람이라고 하는가. 천하라고 하면 될 것 아닌가? 이 천하에 있는 게 어디에 갔겠는가."

이렇게 가치를 넓혀서 파벽破壁을 해가면 '잃고 얻음'이 따로 없다는 거죠. 자기 가족, 자기 동네, 자기 나라, 심지어 '사람'이라고 하는 인간 중심적인 가치도 대자연, 생명의, 우주의 질서에서 보면 좁은 영역의 것으로 의미가 사라진다는 겁니다.

이 이야기는 거꾸로 생각해볼 수도 있어요. 가령 우리가 외국에서 항공우편을 보낼 때 대한민국 주소를 쓰죠. 우리 식으로는 주소를 큰 집단에서부터 순서대로 표기하잖아요. 먼저 국적인 대한민국을 쓰고, 그다음에 시·도를 쓰고, 그다음에 군·면·리·동을 죽 쓰다가 번지를 쓰고. 자기 이름은 가장 마지막에 쓰게 되지요. 그런데 서양은 정반대예요. 먼저 자기 이름을 쓰고, 점점 넓은 영역으로 나가서 마지막에 자기 나라 이름을 표기하는 식이죠.

이렇게 문화권에 따라서 쓰기법이 다르듯이, '나'에서 출발해서 점점 더 넓어질 수도, 넓은 데에서 점점 더 자기 자신으로 돌아올 수도 있다는 겁니다. 즉 탈출이란 '수신제가치국평천하'처럼 먼저 나로부터 끝없이 바깥으로 나가는 것일 수도 있지만, 반대로 저 먼 우주로부터 끝없이 탈출해서 나에게로 돌아올 수도 있는 거예요. 마치 원숭이들이 숲에서 하나의 우리로 들어왔다가 다시 우리에서 숲으로 나가는 과정처럼 말이죠. 들어왔다 나갔다 하는 리듬이 있다는 뜻이지요.

어느 유명한 지도자는 죽을 때 자식들을 불러놓고 이런 이야기를 했다지요. "가족을 바꾸려고 했더니 가족은 바뀌지지 않았다. 가족을 바꾸려면 먼저 사회를 바꾸어야 했다. 그래서 사회를 바꾸려고 했더니 결국은 나라 전체를 바꿔야 하고, 나라를 바꾸려니 세계 전체의 인간을 바꿔야만 한다는 생각이 들었다. 그런데 이렇게 죽으면서 생각하니, 가족을 바꾸는 것도 어렵고, 사회 전체를 바꾸는 것도 어렵고, 나라를 바꾸는 것도 어렵다. 하물며 이 전 지구 자체를 어떻게 바꾸겠느냐. 그런데 그 어려운 숙제를 안고서 왜 나는 끝도 없이 갔을까. 제일 바꾸기 쉬운 것이 바로 나 아닌가. 나는 왜 자신을 바꿀 생각을 하지 않고 왜 남을 바꿀 생각을 했던가." 나를 바꾸면 가족, 사회, 나라, 세계가 바뀐다는 말이지요. 그리고 동시에, 그렇게 세계가 바뀌는 사이 그 바뀐 세계로부터 다시금 자신에게로 또 다른 변화의 여파가 불어오는 겁니다.

앵프라망스, 그 벽을 깨뜨리라

우리는 8마리 원숭이 이야기를 통해서 결국 무엇을 얻고 무엇을 생각하게 되었는가. 집단과 개인에서부터 시작하죠. 즉 원숭이 한 마리가 바나나를 따려다가 자기만 물을 뒤집어쓰는 식이었다면 별다른 문제가 없었지요. 지금까지도 바나나를 따려다 물벼락을 맞는 원숭이가 한 마리씩 나왔을 거예요. 그런데 그 물벼락이 집단 전체에 떨어지니까 결국 그 한 마리를 못 올라가도록 한 거죠. 즉 집단이 개인을 구속한 것이고, 개인이 집단 전체에 해를 끼친 겁니다. 나와 그들, 나와 한 집단. 즉, 사회 속의 나, 국가 속의 나, 지구 속의 나, 궁극적으로는 전체 삶의 질서와 한 개체의 충돌이에요. 어떻게 하면 개인과 집단이 더불어 지낼 수 있는가 하는데 피시스, 세미오시스, 노모스의 세 가지 각기 다른 현상이 벌어졌어요. 그래서 변화를 가져오죠.

그 변화의 마지막은 무엇인가. 역시 개인, 나로 돌아와서 내가 나의 벽을 부수는 데서 시작하지 않으면 안 된다는 겁니다. 의문을 품고 꿈꾸며 무릅쓰고 나아가는 사람, 꿈꾸는 원숭이! 그의 몽상 속에서 막힌 천장은 하늘이 되고, 비가 새서 만들어진 얼룩은 구름이 됩니다. 또한 거미줄은 별자리가되어 반짝이고, 사다리는 나무로 변하겠지요. 또 원숭이들이까불며 제각각 떠드는 소리는 소낙비 소리, 바람소리처럼 들릴 거예요. 그러던 어느 날, 조련사가 들어오고 빗장이 느슨해진 틈이 생긴다면 그는 우리를 뛰어나가지 않겠어요? 담을 넘고, 도시를 벗어나서 숲으로 뛰어가는 겁니다. 게다가 이하나로 끝나는 것이 아닙니다. 원숭이들에겐 거울 뉴런이 있기 때문에, 하나가 자유롭게 뛰어나가는 걸 보면 다 같이 합세할 테니까요. 그렇게 어느새 한 떼의 원숭이가 잊었던 숲으로 돌아가는 겁니다. 잊었던 처음의 숲으로 돌아가는 꿈같은이야기가 펼쳐지는 거지요.

집단도 내 삶을 합리화할 수 있고 행복을 보장해줄 수는 있습니다. 그러나 그것이 전부는 아니지요. 반대로 개인 혼자서 독단적으로 추구하는 창조의 욕망이 집단 전체에 해를 줄 때는 결국 실패하고 말아요. 이 개인과 집단. 그리고 이 개체와 세계, 천하라고 하는, 어쩌면 우주까지 가는 그러한 갈등을 어떻게 조화시키느냐가 관건이에요. 그러기 위해서는 수천, 수만 개의 개체와 개체 사이에 세워진 그 견고한 벽들을 무너뜨려야 합니다. 이것이 시멘트나 콘크리트로 된 물리적인 장벽이라면 무너뜨리기가 오히려 쉽죠. 그러나 그것은 보이지 않는 아주 얇은 막, 앵프라망스inframince라는 너와 나를 가로막는 가장 얇은 벽입니다. 이미 이마를 짚는 손에서 이이야기를 했지요. 감기에 걸려서 열이 날 때 어머니가 내 이마를 짚어주시던 순간, 그 이마와 나 사이에 있는, 어머니의 차가운 손과 내 뜨거운 이마 사이에 있는 얇은 막 말이에요. 그렇게 가까운 어머니와 나, 모자 사이에서도 앵프라망스라는 얇은 막이 있다는 거예요. 그 얇은 막을 깨뜨리는 것이 제

거울 뉴런Mirror Neuron
특정 움직임을 수행하거나 다른 개체의 특정한 움직임을 관찰할 때 활성화되는 신경세포다. 이러한 특성 때문에 '거울'이라는 이름이 붙여졌다. 인간, 영장류, 조류에서 존재가 확인되었다. 사람에서는 전운동피질premotor cortex과 하두정피질inferior parietal cortex에서 일관되게 관측된다. 짧은꼬리원숭이의 실험을 통해 원숭이 대뇌의 일부 신경세포가 '거울'과 같은 특성이 있어 손으로 어떤 행위를 하거나 다른 대상의 행동을 관찰할 때 반응을 보인다는 사실을 확인했다.

일 어렵죠. 콘크리트 벽보다도 어려워요. 쇼생크를 탈출하는 일 정도가 아닙니다. 절대 탈옥 불가능한 감옥보다도 훨씬 더 심각하고 어렵고 극복하기 힘든, 실현 가능성이 없는 그러한 벽이지요.

이 존재의 벽, 실존의 벽, 손으로 만질 수도 없는 벽, 추상의 벽, 수천, 수만 개의 벽을 허무는 것! 벽을 허물고 어디로 가는지는 모를지언정 "이것은 아니다, NO!"라고 말하는 것, 그럼으로써 "YES, 그래 이거야!"라고 말할 수 있는 것! 그 길을 향해 끝없는 모험과 무수한 리스크를 감수하면서 우리 안의 바나나가 아니라 살아 있는 생명공간 안에서 얻어지는 그 열매, 아담 때부터 실패했던 그 선악과 같은 열매. 그것을 딸 수 있을까? 이러한 생명의 피, 코피처럼 흐르는 욕망의 죄악의 피가 아니라 하늘과 최초의 선악과 이전에 그 에덴동산, 천치창조 여섯 번째 날의 세계와 같은 그리고 조용한 휴식의 일곱 번째 날과 같은 것, 창조된 직후에 갓 구워낸 굳어지지 않은 따끈따끈한 빵처럼 그렇게 막 만들어진 카오스Chaos라고 하는, 뒤죽박죽 반죽해서 오븐에서 막 구워낸 빵, 창조된 빵, 만들어진 빵, 훌륭한 요리사가 만든 그 빵을 먹는 일이 가능할까?

나도 평생을 끝없이 벽을 무너뜨리면서 여기까지 오려고 했어요. 지치고 손톱에 피멍이 맺히는, 맨손으로 벽을 파는 그런 하나의 드라마, 우물을 파는 이야기가 내 자신의 삶이었지요. 그러나 아직도 많은 벽들이 나를 가로막고 있어요. 그것은 여러분들이 허물어야 할 벽입니다. 다만 나는 내가 이미 허물었던 벽을 여러분들에게 알려주는 것이죠.

자, 우리는 길들여진 8마리 원숭이들이었습니다. 땅에 떨어진 도토리만 먹고, 높은 천장에 매달린 바나나와 거기에 오를 수 있는 사다리를 두고서도 접근하지도 않던 그런 8마리 원숭이들이 진짜 바나나를, 싱싱한 열매를 따기 위해서 우리 안의 콘크리트 벽을, 또 쇠창살을 뛰어넘어서 가는 겁니다. 그것을 꿈꾸는 거예요. 그러한 독립성, 자율성, 도전의식, 창조성, 그러한 비전! 내가 지금 가지고 있는 것, 누리고 있는 것을 안정이라고 부르지 않고, 질서라고 생각하지 않고 이 모든 벽을 다시 깨고 과감히 향하는 일, 그것이 이 여덟 번째 허들 끝에서 마지막으로 찾는 'NO + WHERE', 그러나 'NOW + HERE'의 공간인 것입니다.

꿈꾸는 펭귄, 꿈꾸는 원숭이, 꿈꾸는 사람! 원더랜드를 꿈꾸는 일은 마치 돌림병처럼 전파되어갑니다. 그야말로 하나의 열병인 거죠. 그렇게 리더가 없어도 다 같이 꿈꾸는 겁니다. 그렇게 각 개인의 비전이 하나하나 바뀌어서 꿈의 네트워크, 꿈의 집단지가 만들어진다면 그것이야말로 바로 새로움이 싹트는 공간, 꿈의 밭이겠지요. 이 꿈의 공간은 멀리 있는 것이 아니에요. 우리는 바로 지금 여기서 그 비전을 발견할 수 있어요.

자, 이제 발걸음을 옮겨볼까요. 처음 0의 공간 즉 무無의 공간에서 이야기 공간으로 들어왔듯이, 다시금 시詩의 공간으로 들어가보는 겁니다.

문학과 여행

『지상의 양식Les nourritures terrestres』(1897)

앙드레 지드Andre Paul Guillaume Gide(1869~1951)는 현대사회에서 살아가는 유럽의 젊은이들에게 청년 시절 아프리카 여행을 통해 깨달은 자유의 의미를 전달하고 있다. 유럽 젊은이들의 삶의 지침서와도 같은 『지상의 양식』은 그가 결핵과 투병생활을 하던 기간에 펴낸 책이다. 삶이 베풀어주는 기쁨을 최대한 누리겠다는 지드의 메시지는 바로 이 책을 통해 시작된다. 자신의 내면을 솔직히 표현하라는 이 책의 호소는 전후 세대에게 폭발적인 반응을 불러일으켜 지드의 작품 중 가장 폭넓게 읽히며 영향력을 끼친 작품이 되었다.

『길 위에서On the Road』(1957)

미국 서부 및 멕시코를 횡단하며 겪었던 체험을 토대로 쓴 작품이다. 이 작품을 통해 무명이었던 잭 케루악Jack Kerouac(1922~1969)은 소위 '비트 세대'를 주도하는 작가로 자리매김한다. 당시 재즈와 맘보, 열정적인 에너지와 호기심으로 가득한 젊은 세대들에게 케루악의 즉흥적인 문체는 매우 매력적이었다. 자유로운 영혼을 지닌 젊은 작가 샐 파라다이스와 태양과 같은 정열을 지닌 청년 딘 모리아티는 광활한 미 대륙을 히치하이킹하며 젊음과 자유의 매력을 독자들에게 어필한다. 1957년에 출간된 이 소설은 당대의 젊은이들이 진정한 자유와 새로운 깨달음을 찾아 길 위로 나서게 했고, 이것이 1960년대 '히피' 운동을 탄생시키는 도화선이 되었다.

『여씨춘추呂氏春秋』

 중국 진秦나라의 재상 여불위呂不韋가 선진
시대의 여러 학설과 사실·설화를 모아 편찬
한 책으로 일종의 백과전서이다. 『여람』이라
고도 하는데, 진나라의 정치가 여불위가 빈
객 3,000명을 모아서 편찬했다. 모두 26권
으로 이루어져 있고, 「십이기」·「팔람」·「육
론」으로 구성되어 있다. 「십이기」의 춘하추
동春夏秋冬에서 '여씨춘추'라는 명칭이 생겼
으며, 「팔람」에서 이름을 따 '여람'이라고도 한다. 「십이기」는 4계절의
순환과 만물의 변화, 인사人事의 치란·흥망·길흉의 관계를 기록하고 있
다. 「팔람」은 유시有始·효행孝行·신대愼大·선식先識·심분審分·심응審
應·이속離俗·시군恃君 등 8부로, 「육론」은 개춘開春·신행愼行·귀직貴
直·불구不苟·사순似順·사용士容 등 6부로 되어 있다. 도가道家·유가儒
家·법가法家·음양가陰陽家·농가農家 등의 여러 설과 시사時事를 수록
하고 있어 선진시대의 사상사 등을 연구하는 데 빼놓을 수 없는 중요
한 자료다.

이야기 밖으로

울안에 갇힌 8마리 원숭이는
어떻게 우리를 부수고 나아갔을까

울안에 갇힌 8마리 원숭이들이 있었다네
던져주는 먹이를 받아먹고 사는 실험실 원숭이들
천장 위에 매달린 바나나를 먹으려고
달리고 때리고 뛰어오르고
그렇게 하루 종일 소리쳤다네

그중에 한 마리 외로운 원숭이가 있었다네
천장의 바나나를 향해
다른 원숭이들이 뛰고 오르고 달릴 때
구석에서 꿈꾸던 원숭이가 있었다네

어느 비 개인 날,
어느 비 개인 날,
꿈속에서 눈부신 숲을 보았네

그중에 한 마리 외로운 원숭이가 있었다네
천장의 바나나를 향해
다른 원숭이들이 뛰고 오르고 달릴 때
구석에서 꿈꾸던 원숭이가 있었다네

꿈꾸던 원숭이 갑자기 일어나
쇠창살의 빗장을 부수고 달려갔다네
밖에는 정말 과실들이 익어가는 숲이 있었네

원숭이 한 마리가 숲으로 가자
두 마리 세 마리가 뒤따랐다네
모두가 뒤따라 달려갔다네

원숭이 한 마리가
꿈속에서 눈부신 숲을 보았네
쇠창살의 빗장을 부수고 달려갔다네
모두가 뒤따라 달려갔다네

어느 비 개인 날,
한 마리 외로운 원숭이가
꿈속에서 눈부신 숲을 보았네

울안에서 벗어나
원숭이 한 마리가 숲으로 가자
두 마리 세 마리가 뒤따랐다네
모두가 뒤따라 달려갔다네
쇠창살의 빗장을 부수고 달려갔다네

울 밖에는 정말 과실들이 익어가는 숲이 있었네
8마리 원숭이 모두모두 웃고 떠들며 행복했다네

한 마리 외로운 원숭이가
꿈속에서 눈부신 숲을 보았네

8020 이어령 명강

이야기의 힘
이야기가 내 삶을 바꾼다

초판 1쇄 인쇄 2022. 5. 31
초판 1쇄 발행 2022. 6. 5

지은이 이어령
펴낸이 김선식

경영총괄 김은영
편집주간 김지환
책임마케터 박태준
마케팅본부장 권장규
마케팅4팀 박태준, 문서희
미디어홍보본부장 정명찬
홍보팀 안지혜, 김은지, 박재연, 이소영, 김민정, 오수미
뉴미디어팀 허지호, 박지수, 임유나, 송희진, 홍수경
재무관리팀 하미선, 윤이경, 김재경, 오지영, 안혜선
인사총무팀 이우철, 김혜진, 황호준
제작관리팀 박상민, 최완규, 이지우, 김소영, 김진경
물류관리팀 김형기, 김선진, 한유현, 민주홍, 전태환, 전태연, 양문현

펴낸곳 다산북스 출판등록 2005년 12월 23일 제313-2005-00277호
주소 경기도 파주시 회동길 490
전화 02-704-1724
홈페이지 www.dasanbooks.com
이메일 libertador@dasanimprint.com
용지 IPP · 인쇄 및 제본 갑우문화사 · 코팅 및 후가공 제이오엘엔피

ISBN 979-11-306-9089-6 03100

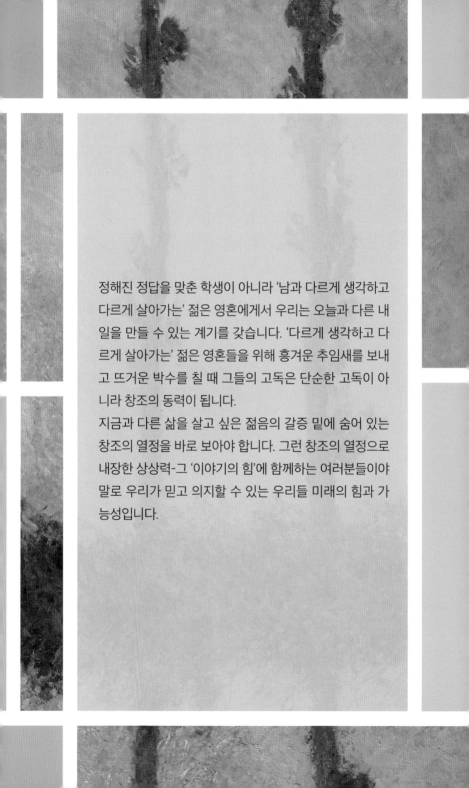

정해진 정답을 맞춘 학생이 아니라 '남과 다르게 생각하고 다르게 살아가는' 젊은 영혼에게서 우리는 오늘과 다른 내일을 만들 수 있는 계기를 갖습니다. '다르게 생각하고 다르게 살아가는' 젊은 영혼들을 위해 흥겨운 추임새를 보내고 뜨거운 박수를 칠 때 그들의 고독은 단순한 고독이 아니라 창조의 동력이 됩니다.

지금과 다른 삶을 살고 싶은 젊음의 갈증 밑에 숨어 있는 창조의 열정을 바로 보아야 합니다. 그런 창조의 열정으로 내장한 상상력-그 '이야기의 힘'에 함께하는 여러분들이야말로 우리가 믿고 의지할 수 있는 우리들 미래의 힘과 가능성입니다.